Gabriele Redden

Räuchern

Fisch · Fleisch · Geflügel

Gabriele Redden

Räuchern

Fisch · Fleisch · Geflügel

Bassermann

Inhalt

Räuchern

Richtig räuchern

Die Räuchermethoden

Räuchergeräte

Vor dem Räuchern

Grundrezepte

Rezepte

RÄUCHERN

Am Anfang waren Sonne, Salz und Rauch

Eines der ältesten Konservierungsverfahren

Räuchern ist neben Salzen und Trocknen die älteste Methode zur Haltbarmachung von Lebensmitteln. Es ist bis heute unbekannt, wie der Mensch auf die Idee gekommen ist, Nahrungsmittel zu räuchern. Aber nachdem er es einmal entdeckt hatte – vermutlich über das Dörren, das nicht nur in der Sonne, sondern auch über Feuer vollzogen wurde –, machte er sich diese Form der Vorratshaltung zunutze.
Wahrscheinlich haben die Menschen das Räuchern von Fisch und Fleisch auch durch einen Zufall entdeckt: Eine unaufmerksame Hausfrau vergaß das Stück Fleisch über dem Feuer, das langsam erlosch. Der aufsteigende Rauch veredelte den Braten. Weil sie nichts Besseres hatte, servierte die Gattin dem Gemahl das rauchgeschwärzte Fleisch. Und er war begeistert. Einige Zeit später wurde auch den Nachbarn geräuchertes Fleisch angeboten. Fortan räucherten sie ebenfalls. Im Lauf der Zeit entwickelten die Menschen weitere Verfahren zur Konservierung. Etwa 3000 v. Chr. entdeckten die Assyrer, dass in Öl eingelegte Lebensmittel länger genießbar bleiben, 1000 Jahre später fanden die Ägypter heraus, dass das Einlegen in Essig – das Beizen – ebenfalls den Fäulnisprozess verlangsamt. Und jede römische Villa verfügte in der Antike über einen Vorratskeller, denn kühle Temperaturen waren schon damals als Frischhaltemittel bekannt.
Eines der ältesten erhaltenen Rezeptbücher Deutschlands – aus Süddeutschland – stammt aus dem Ende des 14. Jahrhunderts und beschreibt die Zubereitung von etwa einhundert Gerichten. Für Fisch und Fleisch werden darin Rezepte zum Sieden, Braten und Backen in Teig beschrieben, und es werden Anleitungen gegeben, sie durch Salzen, Dörren oder Räuchern haltbar zu machen.

Die Vorratshaltung hat eine lange Tradition in der Geschichte der Menschheit. Schon früh entwickelten unsere Vorfahren Methoden, um die leicht verderblichen Nahrungsmittel wenigstens für eine gewisse Zeitspanne lagerfähig zu erhalten.

Fisch oder Fleisch?

Welches Nahrungsmittel die Menschen zuerst durch Räuchern haltbar zu machen versuchten, bleibt wohl für immer ungewiss. Vielleicht war es der im Vergleich zu Fleisch noch schneller verderbliche Fisch, der daher besondere Maßnahmen zur Konservierung verlangte. Auf jeden Fall hat das Räuchern, ganz besonders in den Küstenregionen Europas, eine lange Tradition.

Geschichte der Lebensmittelkonservierung im Überblick

Frühzeit	Salzen, Trocknen, Räuchern
ca. 3000 v. Chr.	Einlegen in Öl (Mesopotamien)
ca. 2000 v. Chr.	Einlegen in Essig (Ägypten)
ca. 1000 v. Chr.	Gaslagerung (Getreidespeicher, in denen Kohlenstoffdioxid der Atemluft vor Verderb schützte)
ca. 50 n. Chr.	Einlegen in Honig (Römisches Reich); Versiegeln mit Ton, Wachs (Römisches Reich); Schwefeln (Römisches Reich)
ca. 200 n. Chr.	Kühlen mit Verdunstungskälte (Römisches Reich)
ca. 1000 n. Chr.	Einlegen in Alkohol (Arabien); Konservieren mit Milchsäure (Ostasien, Orient); Konservieren mit Zucker (Ostasien, Orient)
1353	Konservieren mit Zucker (Europa)
1397	Pökeln (G. Beukel); evtl. schon 2500 v. Chr. (Babylonien) und 400 n. Chr. (Römisches Reich)
1497	Missbilligung des zu starken Schwefelns von Wein auf dem Reichstag zu Lindau
1765	Abkochen verhindert Lebensmittelverderb (L. Spallanzani)
1809	Erfindung des Prinzips der Konservendose (Napoleons Leibkoch N. F. Appert)
1865	Konservierende Wirkung von Ameisensäure (Jodin)
1874	Konservierende Wirkung von Salicylsäure (Kolbe/Thiersch)
1875	Mikroorganismen als Verursacher des Lebensmittelverderbs erkannt (Pasteur); konservierende Wirkung der Benzoesäure (Fleck)
1923	Erste Genehmigung zur direkten Verwendung von Nitrit in Fleischprodukten (USA); konservierende Wirkung der p-Hydroxybenzoesäureester (Sabalitschka)
1938	Konservierende Wirkung der Propionsäure (Hofmann, Dalby, Schweitzer)
1939/40	Konservierende Wirkung der Sorbinsäure (Müller, Gooding)
ab 1950	Lebensmittelbestrahlung (westliche Industrieländer, ehemalige UdSSR, Japan)

Veränderte Tabelle aus: »Zur Geschichte der Lebensmittelkonservierung« von H. Seabert und H. Wöhrmann, Naturwissenschaft im Unterricht Chemie, 41. Jahrg. 1993, Nr. 19, S. 10–13

Vorratshaltung – wie es früher war

Noch zu Beginn des 19. Jahrhunderts gab es zu den althergebrachten Methoden der Konservierung keine echte Alternative. Meist kurz vor Weihnachten wurden für einen mittelgroßen Haushalt ein Rind und zwei Schweine geschlachtet, deren Fleisch dann in kleine Stücke von ein bis zwei Kilogramm geteilt wurde. Diese Portionen, Henkel genannt, wurden anschließend durch Einpökeln (Suren) und Räuchern (Selchen) haltbar gemacht, denn sie mussten für acht bis zehn Monate die Familie ernähren. Erst die bahnbrechenden Entdeckungen und Erfindungen auf dem Gebiet der Chemie und Biologie gegen Ende des 19. Jahrhunderts machten die Entwicklung von chemischen Konservierungsmethoden möglich, die die alten Traditionen der Haltbarkeitsmachung verdrängten. Im letzten Jahrhundert erinnerte man sich besonders in den Zeiten der Not wieder der alten Verfahren. Als während des Ersten und Zweiten Weltkriegs Lebensmittelknappheit herrschte und von den Menschen Vorräte angelegt werden mussten, gewannen das Dörren und das Räuchern von Fleisch und Fisch wieder an Bedeutung, ja sie wurden geradezu überlebensnotwendig. Und wenn geräucherte Spezialitäten von uns heute vor allem als Delikatesse geschätzt werden, so sollte man diesen Aspekt vielleicht nicht ganz vergessen.

Eine spezielle Räucherkammer war früher meist nicht nötig, man nutzte den Schornstein, der in vielen Häusern bereits entsprechend mit mehreren Rauchfängen angelegt war.

Nahrung aus der Kältekammer

Eine andere Art, Nahrungsmittel haltbar zu machen, ist das Tiefkühlen. Wer kann sich heute noch vorstellen, dass es keine tiefgefrorenen Fischstäbchen, keine Tiefkühlpizza und keine gefrorenen Pommes frites gab. Diese beliebten Köstlichkeiten sind schnell in der eigenen Küche und am eigenen Herd zubereitet.
Und wer hat's erfunden? Ein Amerikaner auf seiner Reise durch die Eiswüste mit den Inuits. Etwa um das Jahr 1923 fiel einem amerikanischen Fischereibiologen bei der Arbeit mit den Inuits auf, dass der zu Eis erstarrte Fisch nach dem Auftauen noch frisch und genießbar war. In den USA gab es die ersten Tiefkühlprodukte um 1930. Bis die neue Kühltechnik die Alte Welt erreichte, vergingen noch einmal rund 30 Jahre. In Deutschland konnte man um 1960 herum tiefgefrorene Lebensmittel im Supermarkt kaufen. Mit zu den ersten Tiefkühlprodukten gehörten die Fischstäbchen. Heute ist diese Art der Haltbarmachung gebräuchlich und hat fast in jeden Haushalt Einzug gehalten. Denn nun hat der Mensch zu

jeder Zeit einen Vorrat an Lebensmitteln im Haus, die zudem auch noch rasch zubereitet werden können. Und wenn die Fische einmal nicht anbeißen wollen - tiefgefrorener Fisch lässt sich auch gut räuchern.

Geräuchertes - ein köstlicher Genuss

Getrocknete oder gesalzene Fleisch- und Fischwaren haben leider den Nachteil, dass man sie ohne Nachbehandlung nicht genießen kann. Getrocknetes Fleisch und getrockneter Fisch (Stockfisch) müssen gekocht werden, sonst ist beides ungenießbar. Und gesalzene Heringe müssen vor dem Verzehr gewässert werden, damit sie einem frischen Fisch wenigstens annähernd ähnlich schmecken.

Durch das Räuchern werden Fisch und Fleisch nicht nur haltbarer, sondern auch schmackhafter gemacht.

Wenn auch das Räuchern gegenüber dem Trocknen oder Einsalzen den Nachteil hat, dass die so behandelten Lebensmittel schneller verderben, so hat es doch einen für Genießer ganz entscheidenden Vorteil: Alles, was geräuchert wird, wird nicht nur teilweise oder ganz gar, sondern es bekommt einen besonders köstlichen Geschmack und ist meistens ohne alle weiteren Vorbereitungen sofort zu genießen. Abgesehen davon, dass man es leicht erlernen kann, macht das Räuchern viel Freude und fordert die eigene Kreativität heraus.

Das Räuchern in modernen Heißräuchergeräten verleiht zwar den unübertrefflichen Rauchgeschmack, hat aber nichts mehr mit den alten Räucherkammern zu tun, die das Gut wirklich haltbar machten.

Räuchern - ein Spaß fürs ganze Jahr

Man kann natürlich das ganze Jahr über räuchern, besonders dank der modernen Räuchergeräte. Aber besonders beliebt ist es in den Sommermonaten auf dem Balkon, im Garten oder am Strand. Der 24. August ist der Tag des heiligen Bartholomäus, des Schutzpatrons der Fischer. Vor allem in Skandinavien sind an diesem Tag bis in den späten Abend die Strände und Flussufer mit Menschen gesäumt, die ihren frisch gefangenen Fisch auf Holzkohle grillen oder in Öfen räuchern. Man isst wie im Mittelalter, also nur mit den Fingern, und serviert dazu frisches Bauernbrot und große Schüsseln mit Tomaten, Gurken und Radieschen.

◁ *Ein kühler, trockener Keller eignet sich zur Lagerung von mancherlei Vorräten - vom Wein bis zu Schinken und Wurst.*

RICHTIG RÄUCHERN

Fast eine Wissenschaft für sich

Die unvollständige Verbrennung

Unter Räuchern ist – nüchtern gesagt – die kurz- oder längerfristige Einwirkung von Rauch auf bestimmte Lebensmittel, wie Fisch, Fleisch und Geflügel, zu verstehen. Der dazu benötigte Rauch entsteht in speziellen Räucheröfen bei der unvollständigen Verbrennung – Schwelung – von Holzscheiten, Sägemehl oder Sägespänen.

Was geschieht beim Räuchern?

Während des Räucherprozesses wird dem Räuchergut gleichmäßig und allmählich Feuchtigkeit entzogen. Gleichzeitig wird es durch den Einfluss der Temperatur bzw. durch enzymatische Prozesse gegart. Der Fisch bzw. das Fleisch wird durch den Rauch des glimmenden Holzes sozusagen imprägniert: Chemische Vorgänge sind dafür verantwortlich, dass beispielsweise fäulniserregende Bakterien ferngehalten oder abgetötet werden. Das Lebensmittel ist länger haltbar.

Der zum Räuchern benötigte Glimmrauch entwickelt sich erstens durch die unvollständige Verbrennung von getrockneten Hölzern (Holzscheite, Sägespäne, Sägemehl) oder Pflanzenteilen – der Chemiker bezeichnet diesen Vorgang als Pyrolyse –, zweitens aus der darauf folgenden Reaktion der dabei entstehenden Produkte.
Holzart, Temperatur und Sauerstoffzufuhr beeinflussen die Zusammensetzung und die Menge der beim Räuchern entstehenden Abbauprodukte. Bei diesem Vorgang – die ideale Glimmtemperatur liegt übrigens zwischen 200 und 600 °C – werden an die 300 verschiedene organische Verbindungen frei wie Alkohole, Aldehyde, Ketone, Phenole, Holzessigsäure, Karbonsäuren – aber auch Teerstoffe. Kreosot ist beispielsweise ein Teerprodukt aus Buchenholz, das wegen seiner keimtötenden Wirkung gern zum Desinfizieren verwendet wird. Einige dieser Stoffe wirken einerseits keimhemmend und konservierend, weil sie das Eiweiß gerinnen lassen, und erzeugen andererseits den von Feinschmeckern bevorzugten charakteristischen Räuchergeschmack.
Heute gehören zu den beliebtesten geräucherter Lebensmitteln neben den verschiedenen Schinken (Westfälischer Schinken, Katenschinken, Schwarzwälder Schinken) auch die verschiedenen Hartwürste, aber ebenso gekochter Schinken, Blutwurst und Leberwurst schmecken ge-

Pyrolyse
Chemische Zersetzung von Stoffen durch große Hitzeeinwirkung.

Rauch wirkt antibakteriell, zögert das »Ranzigwerden« hinaus und verleiht den Nahrungsmitteln den charakteristischen Geschmack.

Raucherzeugung

Es gibt verschiedene Techniken der Raucherzeugung, wobei der Hobbyräucherer fast ausnahmslos durch den *Glimmrauch* räuchert. Glimmrauch entsteht durch das Verglühen von Sägespänen unter reduzierter Luftzufuhr per Feuer, Gasflamme oder auch durch einen Heizdraht – nicht zu verwechseln mit dem *Schwelrauch*, bei dem die Sägespäne unter hohem Druck und minimaler Sauerstoffzufuhr per elektrischer Beheizung auf 300 bis 400 °C zum Glimmen gebracht werden. Durch die Verbrennung von Torf und Heidemoos entsteht der *Katenrauch* – charakteristisch sind der rußige Belag und das intensive Raucharoma. Sie können natürlich den berühmten und überaus köstlichen norddeutschen Katenschinken, die Katenrauch-Hartwurst und ähnliche Produkte unbedenklich verzehren, weil sie sorgfältig unter Ausschluss gesundheitsschädigender Stoffe hergestellt werden. Nur sollten Sie als Hobbyräucherer dasselbe nicht in Ihrem eigenen Räucherofen tun.

Vom Katenräuchern mit Torf oder Heidemoos ist dem Hobbyräucherer aufgrund der Entstehung krebserzeugender Substanzen dringend abzuraten.

räuchert einfach würziger. Räucherfisch ist seit jeher eine international beliebte Delikatesse. Dazu zählen in erster Linie Aal, Lachs, Forelle, Bückling, Schillerlocke und Heilbutt.

Die Haltbarkeit

Bei einem kürzeren Räuchervorgang von 10 bis 20 Minuten schlägt sich der Rauch besonders auf der Außenseite des Räucherguts nieder und hat dann auch dort die stärkste konservierende Wirkung. Empfindliche Menschen können bei geräuchertem Fisch und geräuchertem Fleisch die äußere Haut vor dem Verzehr entfernen. Allerdings fehlt dem Produkt dadurch auch der typische Rauchgeschmack. Je länger und stärker der Rauch ins Innere der geräucherten Nahrungsmittel eindringt, desto dauerhafter ist die damit erreichte Haltbarkeit. Trotzdem sei hier gesagt, dass die Haltbarkeit von Geräuchertem nicht mehr so lange ist wie früher. Wichtig ist beim Räuchern allerdings die Einhaltung einer möglichst geringen Temperatur, damit das Eiweiß nicht zu schnell gerinnt, das Räuchergut also nicht zu schnell gar wird, weil das ausgeflockte Eiweiß ein weiteres Eindringen des konservierenden Rauches verhindern würde.

Phenole
Feste, kristallisierbare, wasserunlösliche Substanzen, die bakterientötend wirken.

Verantwortlich für die verbesserte Haltbarkeit von Geräuchertem sind die im Rauch enthaltenen Phenole, Säuren, Aldehyde und das schon erwähnte Kreosot. Einige dieser Stoffe unterbinden außerdem noch die Fettoxidation, das Ranzigwerden.

Härtung und Gerbung

In direktem Zusammenhang mit der Haltbarkeit steht auch die härtende und gerbende Wirkung des Rauchs. Diesen Effekt macht man sich insbesondere beim Räuchern von Wurstwaren in Naturdärmen zunutze. Der chemische Vorgang: Aldehyde vernetzen unter gleichzeitiger Abspaltung von Wasser das im Naturdarm enthaltene Eiweiß.

Der Geschmack

Der ursprüngliche Grund fürs Räuchern – die Haltbarmachung von Lebensmitteln – spielt heute nur eine untergeordnete Rolle. In unseren Tiefkühlgeräten können wir alles beinahe beliebig lange aufbewahren, ohne dass wir Angst vor Fäulnis haben müssen. Geräuchertes lässt sich nicht gut einfrieren. Wenn etwas übrig bleibt, sollten Sie es vakuumverpackt einige Wochen im Kühlschrank aufbewahren. Vor dem Servieren kurz im Backofen erwärmt, schmeckt es köstlich wie frisch aus dem Rauch. Räuchern ist also gar nicht mehr nötig, wenn nicht das köstliche Räucheraroma wäre, das geräucherte Fische und geräuchertes Fleisch so lecker macht. Der typische Rauchgeschmack ist das Ergebnis einer Kombination aus dem Rauch an sich und dem Räuchergut selbst. Phenole und vor allem die Proteine der Räucherware, die mit den Karbonsäuren des Rauches reagieren, sind die »Verursacher« des guten Geschmacks.

Heute wird nicht mehr geräuchert, um ein Lebensmittel haltbar zu machen, sondern wegen des guten Geschmacks.

Die Farbe

Auch die Farbe des Räucherguts verändert sich durch das Räuchern. Charakteristisch ist die goldgelbe bis goldbraune Färbung von Fischen und das bisweilen tiefe Schwarz des Schinkens. Verantwortlich sind wieder chemische Reaktionen zwischen Rauch und Räucherware, vor allem die im Holz enthaltenen farbgebenden Stoffe. Harzreiche Holzarten bewirken beispielsweise die schwarze Räucherfarbe, wobei wir Ihnen jedoch vom »Schwarzräuchern« abraten möchten, da harzreiches Holz von Nadelbäumen unter Umständen einen zu hohen Gehalt an krebserzeugenden Kohlenwasserstoffen (PAK = polyzyklische aromatische Kohlenwasserstoffe) im Rauch verursacht.

Auch wenn's gut aussieht und riecht, dem Hobbyräucherer ist vom »Schwarzräuchern« von Lebensmitteln abzuraten.

Schutz durch die richtige Temperatur

Schon durch die Auswahl des Holzes und eine Überwachung der Glimmtemperaturen lässt sich die Konzentration gesundheitsgefährdender Stoffe, wie der polyzyklischen aromatischen Kohlenwasserstoffe (PAK), leicht herabsetzen. Als Faustregel gilt: Die Verbrennungs- bzw. Verglimmungstemperatur sollte 500 bis 600 °C nicht überschreiten. Gesichert ist dies, wenn Sie darauf achten, dass das Räuchermaterial angefeuchtet und die Sauerstoffzufuhr während des Räucherns auf ein Mindestmaß beschränkt ist.

Ist Räuchern ungesund?

Bei dem Wort Rauch reagieren wir heute zunehmend sensibel. Dabei verbinden wir damit in erster Linie die Vorstellung von schädlichen Emissionen, von Luftverschmutzung und Krebs. Und es steht auch außer Frage, dass durch Abgase die Umwelt geschädigt und durch Rauchen die Lunge zerstört wird.

Krebs durch Geräuchertes?

Vor einigen Jahren wurden sogar Forderungen laut, das Räuchern von Lebensmitteln ganz zu verbieten. Man vermutete, dass sich durch das schwelende Holz schädliche Teerstoffe im Rauch anreichern, die vom Räuchergut aufgenommen würden. Dieser Verdacht ist allerdings inzwischen durch viele Analysen insofern widerlegt worden, als die enthaltenen Mengen nicht gesundheitsschädlich sind. Im Teer kann tatsächlich der bekannteste Krebserzeuger Benz(a)pyren nachgewiesen werden. Doch – und das ist entscheidend – hat man bei den vielen lebensmittelchemischen Untersuchungen von Räucherwaren keine besorgniserregenden Konzentrationen an Benz(a)pyren feststellen können. Aufgrund einer gesetzlichen Verordnung dürfen Räucherwaren einen Wert von 1 µg/kg Benz(a)pyren nicht überschreiten – was bei fachgerechter Räuchertechnik relativ einfach zu befolgen ist (→ Kasten auf dieser Seite).

Benz(a)pyren
Aromatische Kohlenwasserstoffverbindung, die in Steinkohlenteer, im Zigarettenrauch, in Industrieabgasen und Auspuffgasen vorkommt.

◁ *Damit sich ein ordentlicher Rauch entwickelt, wird noch einmal Holz nachgelegt.*

Strikt verboten

Durch den Genuss von Geräuchertem setzen Sie sich keinem Gesundheitsrisiko aus. Bedenklicher ist der Verzehr von gegrilltem Fleisch. Das dabei in die Glut tropfende Fett erzeugt einen gefährlichen Rauch.

… sind vom Gesetzgeber Brennstoffe wie Torf, Steinkohle und acetylhaltige Heizmittel. Ebenfalls nicht erlaubt ist das Verwenden von sogenannten Räucherflüssigkeiten, -aromen oder speziellen Präparaten, die dem Räuchergut lediglich durch Auftragen zum gewünschten Aroma verhelfen sollen. Diese Verordnungen betreffen zwar in erster Linie Gewerbetreibende, doch auch der Hobbyräucherer sollte auf jeden Fall die Finger von den verbotenen Heizmitteln und Räucherflüssigkeiten lassen – schon allein seiner Gesundheit und der Umwelt zuliebe.

Fettarmer Fisch

Unter dem Gesundheitsaspekt betrachtet, schneidet Fisch von allen geräucherten Köstlichkeiten besonders gut ab. Fische verderben zwar leicht, doch das bringt auch Vorteile mit sich. Durch seine leichte Verderblichkeit ist er gleichzeitig leichter verdaulich, denn Fisch ist reich an verdauungsfördernden Enzymen. Außerdem enthält er fast alle für die

Frisch geräucherte Aale und Makrelen kommen erst abgekühlt in den Verkauf.

Eiweiß- und Fett-Tabelle für geräucherten Fisch

100 g	Eiweiß (g)	Fett (g)
Aal	18	29
Bückling	21	16
Forelle	21	3
Hecht	17	1
Heilbutt	23	4
Kabeljau	19	2
Karpfen	23	18
Lachs	23	18
Makrele	21	16
Matjes	18	26
Rotbarsch	21	6
Scholle	19	2

Ernährung des Menschen notwendigen Aminosäuren. Die meisten Fischarten sind zudem relativ fettarm. Obwohl uns beispielsweise geräucherte Forelle ausgesprochen fett vorkommt, beinhalten 100 Gramm nur etwa 3 Gramm Fett. Zugleich sind in diesen 100 Gramm aber 21 Gramm Eiweiß enthalten.

Fisch ist unter allen Lebensmitteln einer der wertvollsten Eiweißlieferanten.

Fetter Aal?

Eine Ausnahme bildet allerdings der Aal. Auf 100 Gramm Aal verteilen sich 29 Gramm Fett und 18 Gramm Eiweiß. Aber selbst dieser hohe Fettgehalt, der dem geräucherten Aal seinen typischen Speckgeschmack verleiht, ist im Vergleich zum Fleisch recht ungefährlich. Das Fischfett hat nämlich einen außerordentlich günstigen Anteil an ungesättigten Fettsäuren, die aus ernährungsphysiologischer Sicht äußerst wertvoll sind. Für Fische gilt also nicht, was man im Hinblick auf Schweinefleisch durchaus sagen kann, dass tierische Fette den pflanzlichen Fetten unterlegen seien. Diese Erkenntnis macht man sich schon lange in der Diät- und Schonkost zunutze. Trotzdem sollten Sie während einer fettreduzierten Diät auch auf den Genuss von fettem Räucherfisch verzichten.

Fisch – ein wahrer Gesundbrunnen

Fisch ist nicht nur als Eiweißlieferant für den Menschen kaum zu übertreffen. Sein Fett ist besonders reich an ungesättigten Fettsäuren, die vor Herzinfarkt, Arteriosklerose und Schlaganfall schützen. Tatsache ist, dass diese Erkrankungen relativ selten bei Japanern und Inuits vorkommen, also Völkern, die sich fischreich ernähren. Viele Versuchsreihen haben diesen Zusammenhang nachgewiesen. Abgesehen vom »gesunden« Fett sind Fische reich an den fettlöslichen Vitaminen A, D und E sowie an Vitamin B6 und B12, und darüber hinaus enthalten Seefische große Mengen an Jod, das sehr wichtig ist für die Fettverbrennung und ganz allgemein für unsere Vitalität.

Kleine Fischkunde

Sie müssen den Fisch nicht selbst angeln. Auch gekaufte Fische können problemlos zu Hause geräuchert werden, wenn sie ganz frisch sind.

Zu den beliebtesten Süßwasserfischen gehört wohl an erster Stelle der Lachs. Die meisten Lachse stammen heute aus der Aquakultur. Dem Lachs folgen auf der Beliebtheitsskala Regenbogenforelle, Bachforelle und Lachsforelle (Meerforelle). Wie die Forellen gehören auch die Saiblinge (See- und Bachsaiblinge) zu den Salmoniden, den Lachsfischen. Maräne, Renke oder Felchen werden aus großen Seen gefischt. Die kleine Maräne ist in Norddeutschland ein beliebter Räucherfisch. Felchen findet man häufig im Bodensee und im Bereich der Odermündung. Der beliebte Karpfen wurde schon im Mittelalter in künstlichen Seen gezüchtet. Der in Deutschland vorkommende Spiegelkarpfen erhielt seinen Namen von seinen großen spiegelähnlichen Schuppen. Karpfen stammen fast immer aus der Teichwirtschaft. Die wohlschmeckende Schleie wird oft mit im Karpfenteich aufgezogen.

Wer den räuberischen Hecht mit mehr als 15 Kilogramm an der Angel hat, wird ihn kaum räuchern können, es sei denn, der Räucherofen ist groß genug. Die meisten Hechte wiegen jedoch um die 2 Kilogramm.

Wie der Hecht ist auch der Barsch, der in Flüssen und Seen lebt, ein grätenreicher Fisch. Aber wegen seines wohlschmeckenden Fleischs wird der Barsch gern geräuchert. In der Schweiz ist der Barsch unter der Bezeichnung »Egli« bekannt.

Ebenfalls zu den Raubfischen werden Zander und Wels (Waller) gezählt. Der Zander liebt stehende Gewässer und gilt als besonders aromatisch. Beim Bearbeiten des Fischs ist auf die stachelige Rückenflosse zu achten, deren Stich schmerzhaft ist. Welsfilet wird heute häufig an der Fisch-

Da freut sich der Feinschmecker: ein Teller voller köstlicher Räucherfische.

theke angeboten. Es lässt sich vorzüglich räuchern. Aber nicht zuletzt wegen seines Fettgehalts gilt der Aal als besonders gut zum Räuchern geeignet. Die Laichplätze des Aals liegen vor der amerikanischen Küste. Innerhalb von drei Jahren schwimmen die Aale mit dem Golfstrom an die europäischen Küsten. In dieser Zeit entsteht die charakteristische Form des Aals. In Europa angekommen, wandern die Aale die Flüsse hoch und futtern sich eine Fettschicht an. Aale werden in Binnengewässern wie auch in der Ost- und Nordsee gefangen.

Von den Salzwasserfischen ist der Schwarmfisch Hering derjenige, der am häufigsten geräuchert wird (Bückling). Die Kieler Sprotte, ein sehr kleiner Räucherfisch, ist weltweit berühmt wegen des hervorragenden Geschmacks. Aber auch Makrele, Kabeljau, Seelachs, Seehecht, Rotbarsch, Brasse (Goldbrasse, Streifenbrasse), Rotbarbe, Heilbutt, Scholle und Flunder lassen sich hervorragend räuchern.

DIE RÄUCHER-METHODEN

Kalt oder heiß?

Das Räuchergut bestimmt die Methode

Das Räucherverfahren wird weitgehend von der Rohware bestimmt. Das meist übliche Verfahren für gefrostete und frische Fische oder Fleisch ist die Heißräucherung, für vorher eingesalzene Fische oder eingesalzenes (gepökeltes) Fleisch auch die Kalträucherung. Der Unterschied zwischen beiden besteht in der Temperatur beim Räuchern und in der Räucherdauer. Bei beiden Verfahren muss das Räuchergut vor dem Räuchern vorgetrocknet werden, um ein festes Fleisch, ein appetitliches Aussehen und eine möglichst lange Haltbarkeit zu erreichen.
Generell sind kaltgeräucherte Fisch- oder Fleischwaren bei sachgemäßer Lagerung länger haltbar als heißgeräucherte. Die Haltbarkeit bei kaltgeräucherten Salzfischen oder gepökeltem Fleisch beträgt wenigstens 14 Tage, bei heißgeräucherten, frischen Fischen oder Fleisch vier bis acht Tage. Vakuumverpackt hält sich Geräuchertes sogar bis zu sechs Wochen im Kühlschrank frisch.

Warmräuchern
Der Vollständigkeit halber sei auch diese Methode des Räucherns genannt: Warmgeräuchert wird bei Temperaturen von 30 bis 60 °C und hoher Luftfeuchtigkeit (80 Prozent) zwischen 2 bis 24 Stunden. Kassler, gekochter Schinken oder Brühwürste werden beispielsweise auf diese Weise geräuchert.

Kalträuchern

Kaltgeräuchert wird bei Temperaturen zwischen 25 und 26 °C sowie einer maximalen Luftfeuchtigkeit von bis zu 80 Prozent. Eine der wichtigsten Regeln der Kalträucherei ist der absolut trockene Ausgangszustand von Räucherware und Heizmittel, um dem Verderb der Nahrungsmittel vorzubeugen. Die Räucherdauer ist abhängig vom Räuchergut – Fische brauchen beispielsweise ein bis sechs Tage, je nach Größe und Art, Fleisch benötigt unter Umständen bis zu sechs Wochen.

Kalträuchern von Fleisch

Das Kalträuchern ist die bevorzugte Methode beim Räuchern von Fleisch und Wurst, vor allem von Schinken. Allerdings ist dieses Verfahren ein recht aufwendiger und langwieriger Prozess. Zunächst muss das Fleisch gepökelt werden; dann wird die Lake abgespült, das Fleisch gewässert und zum Trocknen aufgehängt (→ Seite 57 bis 59). Außerdem benötigt man dazu eine richtige Räucherkammer oder zumindest eine Art Räucherschrank, in der/dem die Ware bei 17 bis 26 °C vier bis sechs Wochen eingehängt werden kann. Die auf diese Weise entstehenden Räucherwaren werden dafür aber auch fast unbegrenzt haltbar. Das Kalträuchern von Fleisch und Fleischwaren ist also kaum etwas für den Hobbyräucherer.

Schon im Mittelalter wusste man, dass geräuchertes Fleisch relativ schwer im Magen liegt, und schloss das Mahl daher gern mit einem hochprozentigen Getränk ab. Noch heute rundet ein Klarer die rustikale Mahlzeit aus Roggenbrot und Schwarzgeräuchertem ab.

Als die Häuser in alten Zeiten noch einen offenen Kamin hatten, war das natürlich wesentlich einfacher. Man hängte die vorher eingesalzenen Würste oder den Schinken einfach in den Rauchfang, wo der Rauch gleichmäßig an ihnen vorüberzog, ohne sie dabei zu stark zu erhitzen. Der berühmte Schinken aus dem Münsterland, den man schon seit dem Mittelalter wegen seines vorzüglichen Geschmacks schätzt, wurde im Wiemen, dem Abzug über dem Herdfeuer, mit Buchenholz und Wacholderbeeren geräuchert. Kaltgeräuchert werden auch Speck und Dauer-

Geräucherte Würste gehören bei uns zu den beliebtesten Fleischwaren. Sie sind für einen längeren Zeitraum durch das Einsalzen und Räuchern haltbar gemacht worden.

wurst. Selbstverständlich eignen sich auch fast alle Wild- und Geflügelarten gleichfalls gut zum Kalträuchern.

Kalträuchern von Fisch

Auch Fisch lässt sich hervorragend kalträuchern, und auch er wird vor dem Räuchern in Salz und Kräutern eingelegt, um ihm überschüssige Feuchtigkeit zu entziehen und um das Geschmacksergebnis zu verbessern. Die Temperatur in den Öfen wird so geregelt, dass sie im Bereich des Räucherguts möglichst zwischen 15 und 20 °C liegt. Der Räuchervorgang erstreckt sich, abhängig von der Fischart, über einen Zeitraum von ein bis sechs Tagen. Bevorzugte Fische für die Kalträucherung sind Lachs, Meerforelle, Hering und Aal.

Die zarteste Qualität beim Kaltrauchern von Lachs erzielen Sie, indem Sie frischen Lachs verwenden, der vor dem Räuchern für etwa zwölf Stunden in einer milden Salzlake eingelegt oder trockengesalzen wurde. Auch Makrelen können Sie auf diese Art kalträuchern.

Heißräuchern

Wesentlich schneller als das Kalträuchern ist das Heißräuchern. Allerdings ist auch die Haltbarkeit dementsprechend kürzer. Heißgeräuchertes sollten Sie daher am besten noch am gleichen Tag verzehren oder gut gekühlt lagern. Heißgeräuchert wird bei einer Temperatur von über 60 °C. Diese Temperatur ist wichtig, weil Eiweiß erst bei über 60 °C gerinnt. (Meist liegt die Temperatur im Ofen bei 70 bis 90 °C.) Das Räuchergut wird demnach beim Heißräuchern sowohl gegart als auch geräuchert. Um zu verhindern, dass es austrocknet, sollte die Räucherzeit allerdings vier Stunden nicht überschreiten, wobei die Dauer natürlich wieder von Größe und Art der Räucherstücke abhängt.

Heißräuchern von Fisch

Besonders Angler – und auch Camper – bevorzugen die einfachere Methode der Heißräucherei. Die gewaschenen und von Schuppen befreiten Fische werden für gut 1 Stunde in eine starke Lake (300 Gramm Salz auf 1 Liter Wasser) eingelegt, abgespült und anschließend einige Stunden getrocknet. Im Räucherofen werden sie dann bei einer Temperatur von über 60 °C gegart. Die Räucherdauer beträgt je nach Fischart und Größe zwischen 30 Minuten und zwei Stunden. Wollen Sie Ihren frisch gefangenen Fisch gleich an Ort und Stelle räuchern und verzehren, so filetieren Sie den Fisch und bestreichen die Innenseite mit einer Mischung aus Senf, Zitrusschalen, grobem Pfeffer und Thymian. Die Filets aufrollen und mit Spießchen zusammenhalten. Bei 60 °C 20 bis 25 Minuten räuchern.

Seit Lachse in Aquakultur gezüchtet werden, ist Räucherlachs, früher eine kostspielige Delikatesse, für jedermann erschwinglich. Milder im Geschmack und preiswerter ist die geräucherte Lachsforelle.

Einer der beliebtesten Fische, die selbst geräuchert werden, ist die Forelle. Eine Spezialität vor allem im norddeutschen Raum sind wacholdergeräucherte Forellen. Aber auch fettreiche Süßwasserfische wie Aal oder Renke eignen sich vorzüglich zum Räuchern.

Heißräuchern von Fleisch

Natürlich lassen sich auch Fleisch, Wild und Geflügel sehr gut heißräuchern, das werden Sie spätestens feststellen, wenn Sie Geräuchertes nach unseren Grundrezepten (→ Seite 60 bis 86) ausprobiert haben. Für das Heißräuchern von Fleischstücken oder Geflügelteilen gelten dieselben Regeln wie für Fische, wobei Sie einen größeren Schinken oder ein größeres Stück Fleisch vor dem Räuchern gut kochen sollten, damit er keinen rohen Kern mehr hat. Die Gefahr, dass Ihnen das Räuchergut verdirbt, ist sonst zu groß. Auch hier ist die Räucherdauer von der Größe des Räucherguts abhängig.

Räuchern soll nicht nur die Haltbarkeit des Lebensmittels erhöhen, vielmehr werden durch Räuchern Farbe, Geruch, Geschmack und Konsistenz positiv beeinflusst.

Räuchern mit Flüssigrauch

Die Industrie darf es schon (mit einer besonderen Genehmigung): Räuchern mit Flüssigrauch. Flüssigrauch entsteht, wenn Rauch in Wasser eingeleitet wird, wenn also das Wasser geräuchert wird. Es enthält dann alle Bestandteile des Rauchs und wird auf das Produkt einfach aufgesprüht, oder das Produkt wird in Flüssigrauch getaucht. Sogar die Haltbarkeit wird durch Flüssigrauch etwas erhöht. Allerdings sind im Flüssigrauch auch die polyzyklischen aromatischen Kohlenwasserstoffe enthalten, wovon das Benz(a)pyren als krebserregend gilt. Deshalb ist ein Grenzwert festgelegt worden, und dieser wird von Lebensmittelchemikern überwacht. Das Flüssigräuchern besitzt einige Vorteile: Flüssigrauch ist preiswert, aber beim Laien können falsche Dosierungen vorkommen, wodurch Schadstoffe ins Fleisch oder in den Fisch gelangen. Es wird aber nicht mehr lange dauern, bis Flüssigrauch auch in kleinen Portionen für den Hobbyräucherer in den Handel kommt. Wenn die gut vorbereiteten Produkte getrocknet und mit Flüssigrauch bearbeitet worden sind, kann das eigentliche Räuchern schon in wenigen Sekunden erledigt sein. Ob Räuchern dann aber noch so viel Freude bereitet?

Im Handel finden Sie auch Lebensmittel (Käse, Salz usw.), die ihren Rauchgeschmack einem künstlichen Aroma verdanken. Auf dem Etikett steht dann »mit Raucharoma« und nicht »geräuchert«.

◁ Blick ins Innere einer gemauerten »Räucherhütte«. Eingebaute Schienen erleichtern das Einbringen und Herausnehmen der Fische aus dem Ofen. Die Fronttür erlaubt jederzeit eine Kontrolle des Räucherguts während des Räucherns.

Räucher-geräte

Holz – und was Sie sonst noch brauchen

Holzarten

Die Wahl der Holzart, die Sie fürs Räuchern verwenden wollen, ist unter anderem eine Geschmackssache. Denn Rauch ist nicht gleich Rauch, das verfeuerte Holz beeinflusst die Zusammensetzung. Wichtig ist allerdings, ein Holz zu verwenden, das möglichst wenig Harz enthält. Das Holz von Nadelbäumen, auch wenn es noch so angenehm riecht, ist zum Räuchern gänzlich ungeeignet. Neben der stärkeren Rußentwicklung schmecken Fisch oder Fleisch, mit Nadelholz geräuchert, doch sehr stark nach diesem Holz und nehmen häufig noch einen unangenehmen Terpentingeruch an. Zudem entwickelt dieses kienhaltige Holz krebserregende Substanzen (→ Seite 17), die vermieden werden sollten.

Kien

bezeichnete früher den für die Beleuchtung unentbehrlichen Kienspan. Heute steht Kien für das harzreiche (Kiefern-)Holz (Kiefer = Kienföhre) und das daraus gewonnene Harz.

Holz macht den Rauch

Besonders geeignet sind dagegen Laubhölzer, hier vor allen Dingen Buchenholz, Erlenholz, Ahornholz und Eichenholz. Sehr gut zum Räuchern ist auch das Holz von Obstbäumen, von Eschen, Weiden, Kastanienbäumen und Pappeln. Das Holz der Birke ist weniger gut geeignet, weil es recht teerhaltig ist. Wer die Möglichkeit hat, das Holz alter unbehandelter Weinreben zu bekommen, kann auch davon ein paar Späne zum Räuchern verwenden. Sie können den Rauch auch mit einer Handvoll Wacholderholz oder zerkleinertem Holz von alten Whiskyfässern aromatisieren. Während der Grillzeit wird Letzteres häufig neben der Holzkohle angeboten. Achten Sie beim Holz auch darauf, dass es weder modrig noch verschimmelt ist und dass es möglichst wenig Rindenmaterial enthält. Außerdem muss es trocken und luftig gelagert werden. Ob das von Ihnen erworbene Holz (das Mehl und die Holzspäne) von guter Qualität ist (sind), sehen Sie auch daran, dass alle Teile gleich groß sind: Nur so kann es zu einer gleichmäßigen Rauchentwicklung kommen. So sollte Ihr Räuchermaterial beschaffen sein: sauber und trocken, frei von Farben, Ölen und Imprägnierstoffen.

Von links nach rechts: Holz einer Rotbuche, eines Obstbaumes und einer Birke.

Scheite, Schnitze, Späne oder Mehl

Checkliste
So sollte gutes Räuchermehl sein:
- sauber und trocken
- frei von Farben, Ölen oder Imprägniermitteln
- weder modrig noch verschimmelt
- mit möglichst geringem Rindenanteil
- immer trocken und luftig gelagert

Je nach Ofentyp und -größe verwenden Sie fürs Räuchern entsprechend vorbereitetes Holz. Als Grundregel mag helfen: Je größer die Holzstücke, umso schwieriger gestaltet sich die Regulierung des Feuers, und je größer der Ofen, desto größer können die Holzscheite sein.
Wenn Sie sich das Sägemehl oder die Späne bei einer Tischlerei besorgen wollen, sollten Sie völlig sicher sein, dass sich darin nicht das Mehl von Span- oder Tischlerplatten befindet. Oft sind diese mit synthetischen Bindemitteln versetzt, die dann bei der Rauchentwicklung gesundheitsschädlich wirken. Das gilt natürlich auch für Sägemehl und -späne aus lackiertem oder anderweitig künstlich behandeltem Holz, wie aus Bauholzabfällen, Weidezaunpfählen oder Bootsresten.
Wenn Sie ganz sichergehen wollen, kaufen Sie sich das Räuchermehl im Fachhandel, wie zum Beispiel in Anglerläden oder gut sortierten Haushaltswarengeschäften. Dort wird nur Räucherholz vertrieben, das frei ist von schädlichen Substanzen, die dem ganzen Vergnügen einen bitteren Beigeschmack geben könnten.

Der besondere Pfiff

Wer dem Rauch und seinen Räucherstücken noch eine besondere Nuance hinzufügen möchte, mischt unter das Sägemehl getrocknete Kräuter wie Rosmarin- oder Thymianzweige. Auch Heidekraut, Salbeiblätter und Wacholderbeeren, zerbröckelte Lorbeerblätter, schwarzer Tee und Nuss-

Achten Sie beim Räuchern darauf, dass keine offene Flamme im Holz aufflackert. Das Holz darf nur glimmen und sollte dabei möglichst viel Rauch abgeben. Stärkeren Rauch können Sie übrigens erzeugen, wenn Sie die Zweige und Hölzchen kurz ins Wasser tauchen, bevor Sie sie auf die heiße Glut legen.

Räuchermehl mit Gewürzen

Wacholderbeeren

baumhölzchen schaffen einen wunderbar würzigen Rauch. Die Auswahl und Zusammenstellung ist Ihrer Fantasie überlassen und schier unerschöpflich. Wenn Sie ein wenig experimentieren, werden Sie schnell eine Mischung nach Ihrem Geschmack herausfinden.

Wer viel und gerne räuchert, wird sich im Lauf der Zeit seine eigenen Mischungen mit verschiedenen Hölzern, Gewürzen, Kräutern, Zitrusschalen usw. hergestellt haben. Vielleicht gibt er sein Geheimnis einmal preis?

Räuchergeräte

Fleisch, Fisch und andere Köstlichkeiten lassen sich in einer selbst gebastelten Tonne ebenso gut räuchern wie in einem kleinen Tischgerät oder in einem größeren Räucherofen. In Anglergeschäften und im Internet finden Sie eine umfangreiche Räucherofenauswahl zum Heiß- und Kalträuchern von Fleisch sowie großen und kleinen Fischen.

Welcher Räucherofen ist der richtige?

Jeder Räucherofen ist anders, und auch jeder Hobbyräucherer stellt andere Ansprüche an den Ofen. Der eine räuchert nur wenig im Jahr, der andere liebt alles, was frisch geräuchert aus seinem Ofen kommt. Letzterer braucht natürlich einen anderen Räucherofen. Vielleicht einen, der elektrisch betrieben wird und mit einem Thermostat ausgestattet ist, damit auch wirklich kein Nahrungsmittel durch zu viel oder zu wenig Rauch Schaden nimmt. Jeder Hobbyräucherer wird im Laufe seiner Räucherjahre viele Tricks entwickeln, um hinterher ausreichend viel Lob von den Genießern seiner geräucherten Delikatessen zu bekommen.

Räuchertonne – Marke Eigenbau

Sollten Sie über ein wenig handwerkliches Geschick verfügen, so können Sie sich fast zum Nulltarif einen Heißräucherofen selber bauen. Das ist nicht schwer, und das Räuchern in einer selbst gebauten Tonne macht noch viel mehr Spaß.
Es gibt viele Möglichkeiten, sich eine Räuchertonne selbst herzustellen. Der hier beschriebene Ofen geht auf das wohl älteste Prinzip zurück, das vor Jahrhunderten auch von den Fischern auf den alten Heringsloggern angewandt wurde. Sie benutzten dazu einfach eine ausgediente Tonne oder ein Fass, entfernten Deckel und Boden und stellten das Ganze auf ein niedriges Steinfundament. An quer gelegten Stöcken hängte man die zu räuchernden Fische in die Tonne, deckte einen nassen Sack über die Öffnung und entfachte unter der Tonne, zwischen den flachen Steinen, ein schwelendes Holzfeuer.

Logger
Der Begriff bezeichnet ein kleines Küsten-segel- oder Motorfahrzeug zum Fischfang.

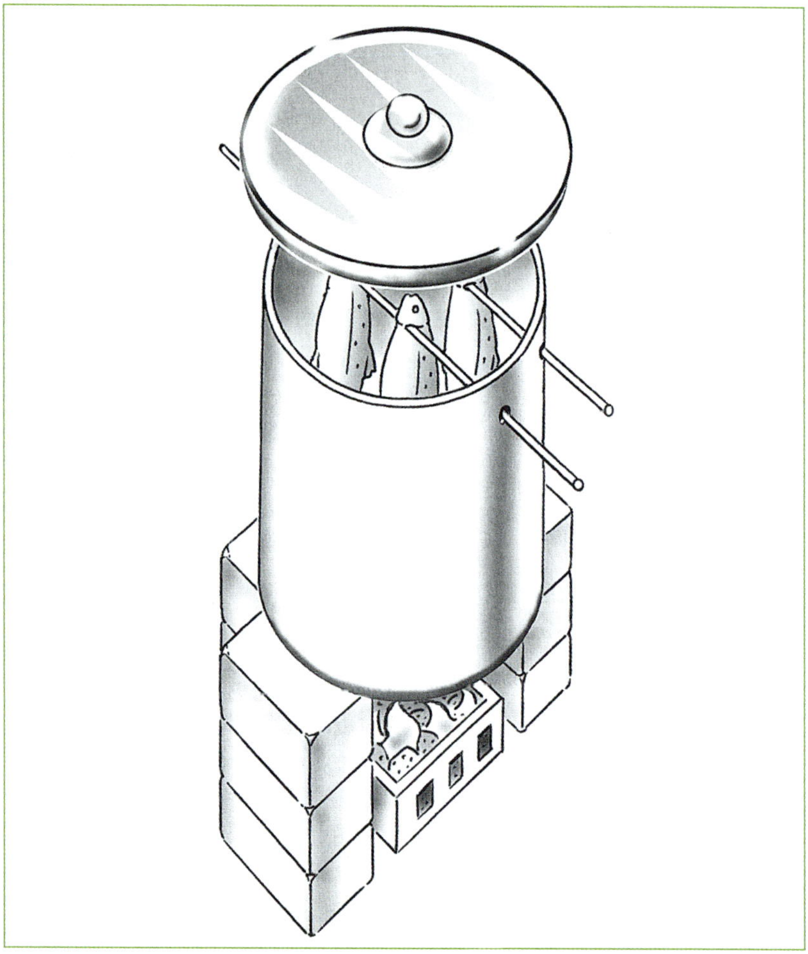

Eine einfache, aber originelle wie auch 100-prozentig einsatzfähige Konstruktion ist unsere selbst gebaute Räuchertonne. Darin lassen sich fast alle Fisch- und Fleischsorten räuchern.

Die Bauanleitung

Fragen Sie in Gaststätten nach großen leeren Konservendosen mit ausreichendem Fassungsvermögen.

Unser Vorschlag basiert zwar auf dem gleichen Prinzip, bildet aber ein in sich geschlossenes System. Dazu benötigen Sie folgende Gegenstände:

- einen 10 bis 20 Liter fassenden Blecheimer oder eine Öltonne mit einem dazugehörigen Deckel (für Großabnehmer gibt es beispielsweise Speiseöl und Sauerkonserven in großen Blechdosen)
- drei Fahrradspeichen oder einen Schweißdraht mit einem Durchmesser von 2 bis 3 Millimetern
- sechs oder neun Ziegelsteine
- eine flache Konservendose
- Alufolie

Der Eimer wird zur Räuchertonne umfunktioniert, und da er sehr heiß wird, ist es wichtig, dass er nicht lackiert ist. Viele Eimer sind auch innen mit einer isolierenden Lackschicht überzogen. Deshalb sollten Sie Ihre neue Räuchertonne in spe zur Sicherheit vor dem ersten Gebrauch sorgfältig ausbrennen, indem Sie sie leer auf größtmögliche Hitze bringen. Außerdem sollten Sie sicherstellen, dass die Nähte im Eimer möglichst nicht gelötet, sondern gefalzt oder geschweißt sind. Andernfalls könnte der Eimer an diesen Stellen leicht aufschmelzen.
Wenn Sie nicht sicher sind, ob Ihnen erstens das Räuchern Freude bereitet, Sie zweitens genügend Zeit zum Räuchern haben und ob Ihnen und Ihrer Familie drittens Geräuchertes gut schmeckt und bekommt, dann fangen Sie mit einer kleinen, selbst gebastelten 10-Liter-Räuchertonne an. Sie ist preiswert und lässt sich im Garten, auf Balkon und Terrasse gut aufstellen (Nachbarn auch einmal zum Räucherfischessen einladen!).

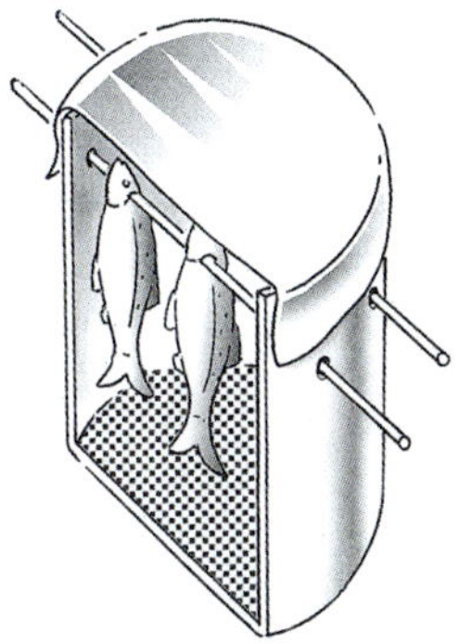

Die Räuchertonne im Querschnitt

Die Aufhängevorrichtung

Bohren Sie nun auf jeder Seite zwei oder drei einander gegenüberliegende Löcher in das Blech. Diese sollten etwa zwei Zentimeter unterhalb des oberen Randes liegen, damit der Deckel auch bei eingehängtem Räuchergut dicht und fest schließen kann. Damit möglichst wenig Rauch aus der Tonne entweichen kann, bohren Sie die Löcher nicht größer, als die Fahrradspeichen bzw. der Schweißdraht, die später hindurchgesteckt werden sollen, dick sind.
Der Abstand der Löcher sollte groß genug sein, damit sich die Fische oder Fleischstücke während des Räucherns nicht berühren. Wenn Ihre Tonne weit genug ist und Sie drei Löcher bohren wollen, sollte die mittlere Stange so angebracht werden, dass sie den Durchmesser der Tonne in zwei gleich große Hälften teilt. Die Stangen links und rechts davon werden etwa den gleichen Abstand zur Mitte wie zum Rand haben. Am einfachsten legen Sie zur Markierung der zu bohrenden Löcher die drei Stangen vorher auf den oberen Rand des Eimers. Sie müssen dann nur etwa zwei Zentimeter tiefer die Bohrstellen markieren.

Erst das Räuchermehl – dann die Alufolie

Bevor Sie die Fisch- oder Fleischstücke in die Tonne hängen – in einem 10-Liter-Eimer können Sie zum Beispiel ohne Schwierigkeiten bis zu sechs Forellen unterbringen –, streuen Sie das Räuchermehl auf den Boden der Tonne. Fünf bis sechs Esslöffel genügen vollkommen.

Wenn Fett von Fleisch auf einem Grill in die glühende Holzkohle tropft und dort verdampft, ist das, wie wir bereits erklärten, ziemlich ungesund. Damit dies hier nicht passieren kann, wird das vorher glatt gestrichene Räuchermehl durch eine Alufolie abgedeckt, die etwas größer als der Durchmesser des Tonnenbodens sein muss. Sie wird später das herabtropfende Fett auffangen. Um zu verhindern, dass das Fett am Rand nicht doch noch in die Glut gerät, biegen Sie die Folie dort etwa zwei Zentimeter hoch und drücken sie fest an die Innenwand des Eimers. Damit Sie gut an den Boden herankommen, sollten Sie natürlich vorher die Stäbe aus der Tonne ziehen.

Aufhängen des Räucherguts

Fleisch, Fische oder Fischstücke werden nun an Haken, die man sich selbst zurechtbiegen oder in jedem Anglergeschäft kaufen kann, in die Räuchertonne gehängt. Wie Sie Fische »anbinden« können, zeigen wir Ihnen ab Seite 52.
Achten Sie darauf, dass Sie das Räuchergut so nebeneinanderhängen, dass sich die Fische oder die Fleischstücke nicht berühren und auch nicht an die Alufolie oder den Tonnenrand kommen. Beides wird beim Räuchern sehr heiß und würde das Räuchergut an diesen Stellen verbrennen, und der wunderbare Räuchergeschmack wäre dahin. Räuchergut, welches beim Räuchern aneinanderklebt, bekommt unschöne Flecken.

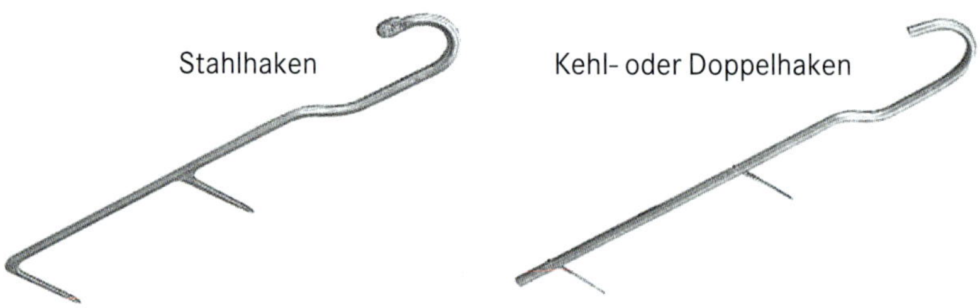

Wie lange das Räuchern in Ihrer Räuchertonne dauert, werden Sie nur durch eigene Experimente feststellen.

Verschließen der Tonne

Ist das Räuchergut untergebracht, wird der Deckel, der fest abschließen muss, auf die Tonne gedrückt. Alternative: Falls Sie keinen passenden Deckel haben, können Sie auch einen nassen Sack oder ein nasses Tuch über Ihre Räuchertonne legen und diese dann mit einer schweren feuerfesten Platte abdecken.

Achtung, Spiritus!

Man sieht die kleine Flamme kaum und kann sich deshalb leicht die Finger verbrennen. Sollte es nötig werden, Spiritus nachzufüllen, dann bitte nie direkt aus der Flasche, denn sie könnte in Ihrer Hand explodieren. Stellen Sie deshalb unbedingt sicher, dass die Flamme erloschen ist, bevor Sie nachgießen. Arbeiten Sie mit feuerfesten Arbeitshandschuhen, nehmen Sie die Dose hervor, und füllen Sie erst dann den Spiritus nach. Auf jeden Fall darf der Spiritus in der Dose nicht mehr brennen, während Sie nachgießen.

Die Feuerstelle

Die Ziegelsteine werden zu je drei Säulen von zwei oder drei Steinen aufeinandergelegt und in U-Form positioniert. Dazwischen stellen Sie die Dose, die zur Hälfte mit Spiritus gefüllt wird. Wollen Sie mit dem Räuchern beginnen, brauchen Sie den Spiritus nur mit einem langen Streichholz anzuzünden. Dann stellen Sie Ihre Räuchertonne auf die Steine.

In Geschäften für Campingausrüstungen, in asiatischen Läden und Drogeriemärkten können Sie Dosen mit geliertem Spiritus kaufen. Diese Brennpaste ist im Vergleich zu flüssigem Spiritus einfacher zu handhaben und wird übrigens auch für den Wok, den Feuertopf und fürs Fondue verwendet.

Wir räuchern

Solange der Brenner unter der Räuchertonne steht, sollten Sie es tunlichst vermeiden, den Deckel zu öffnen, um nachzuschauen, wie Ihr Räuchergut aussieht. Hitze und Rauch würden unweigerlich entweichen, und Ihr Räuchergut wäre nicht so gut geräuchert, wie Sie es sich vorgestellt hatten. Der Geschmack würde Sie enttäuschen. Fertig sind Fische, die in der oben beschriebenen Weise in die Tonne kommen, nach etwa 20 bis 25 Minuten. Genauere Zeiten - auch die für Fleisch und/oder Geflügel - entnehmen Sie bitte den Seiten 55, 61, 73 und 81.
Sobald der Räuchervorgang abgeschlossen ist, öffnen Sie die Tonne vorsichtig (sie ist sehr heiß!), nehmen das Räuchergut heraus und lassen es abkühlen. Bei den relativ kleinen Mengen, die man in einer solchen Tonne räuchern kann, können Sie die frisch geräucherte Ware auch gleich verzehren. Allerdings mit Vorsicht, denn besonders noch heiße Räucherfische neigen dazu - speziell, wenn sie fett sind -, die Darmtätigkeit überraschend stark anzuregen. Daher frisch geräucherte Fische besser nur lauwarm oder kalt genießen.

Nach dem Räuchern

Sauberkeit ist auch beim Räuchern gefragt. Lassen Sie den in der Tonne entstandenen Rauch möglichst schnell abziehen. Ist das geschehen, schütten Sie die Asche aus der Tonne, reinigen Sie Haken und Aufhängevorrichtungen, und das Gerät ist startklar für den nächsten Gang.

Räuchern in der Butterbrotdose

Wer schnell einmal ohne Geld- und Zeitaufwand ausprobieren möchte, ob ein geräucherter Fisch wirklich schmeckt, braucht nur eine Alu-Butterdose zu einem kleinen Räucherofen umzubauen.

Ein ganz simples Räucherverfahren ist das Räuchern in einer Butterbrotdose aus Aluminium. Die gibt es in jedem Haushaltswarenladen oder in Geschäften für Campingausrüstung zu kaufen. Nun müssen Sie dafür nur noch einen kleinen Rost bauen. Besorgen Sie sich aus einer Schlosserwerkstatt zwei Alu-Winkelstücke in der Breite Ihrer Dose und mehrere Schweißdrähte vom gleichen Durchmesser wie bei der Räuchertonne. In die Winkelstücke werden Löcher in der Dicke der Schweißdrähte gebohrt. Der Draht wird je nach Größe der Dose zurechtgesägt und in die Löcher der Winkelstücke gesteckt.

Zum Räuchern streuen Sie nun Räuchermehl auf den Boden, decken diesen mit einem passenden Stück Alufolie ab und stellen die Winkel-Schweißdraht-Konstruktion darauf. Zum Erhitzen der Dose nehmen Sie am besten einen Spirituskocher. Kleine handliche Spirituskocher bekom-

Einkaufsliste für das Räucherhobby

- Räucherofen, -schrank oder -kammer
- Räuchermehl oder -späne
- Kräuter und Gewürze
- Heizmittel je nach Räuchergerät: Holz, Spiritus oder Brennpaste
- Räucherthermometer mit Fühler
- Thermometer zum Messen der Lakentemperatur beim Pökeln
- Schneidebrett, scharfe Messer und eventuell eine Fleischgabel
- Haken zum Aufhängen des Räucherguts
- Küchengarn oder dünne Schnur aus Naturfasern
- mehrere Schüsseln in verschiedenen Größen
- Steingut- oder Holzfass fürs Pökeln
- flache Kunststoffwanne zum Nasssalzen

Räucherthermometer

men Sie beim Campingausrüster oder in guten Haushaltswarengeschäften. Beachten Sie bitte, dass die Dose nach dem Räuchern sehr heiß ist. Verwenden Sie am besten entsprechend feste Handschuhe, oder nehmen Sie die Dose mit einer großen Zange vom Feuer und stellen Sie sie auf einen feuerfesten Untersetzer oder einen Stein. Auf keinen Fall darf die heiße Dose auf einen Tisch beispielsweise aus Kunststoff oder Holz gestellt werden.

Mit diesem Räucherofen können Sie sogar Aale räuchern.

Räuchern im Topf

Ebenso gut kann man zum Hobbyräuchern einen großen Topf oder einen ausgedienten Bräter mit einem Rost nehmen, der normalerweise zum Dämpfen verwendet wird. Solche Roste werden Sie unter Umständen in Ihrem Haushaltswarengeschäft zu kaufen bekommen, aber Sie können sie sich auch selber bauen: Kaufen Sie sich im Malergeschäft ein Farbabstreichgitter aus Metall in der zum Topf oder Bräter passenden Größe. Kneifen Sie mit einer Zange an der oberen Seite links und rechts je ein Quadrat mit einer Seitenlänge von fünf Zentimetern heraus. Der überstehende Teil wird nach unten gebogen, ebenso wie die beiden Drahtstreifen, die normalerweise zum Einhängen des Gitters in den Farbeimer dienen. Sollte der Rost zu breit sein, müssen Sie ihn an beiden Seiten entsprechend der Topf- oder Brätergröße zurechtstutzen.
Beim Räuchern verfahren Sie wie bei der Räuchertonne: Räuchermehl auf den Boden streuen, dann mit der Alufolie abdecken. Nun stellen Sie den Rost mit den zu räuchernden Stücken auf die Folie. Mit dem Deckel verschließen, und als Letztes den Brenner anzünden.

Räuchern im Spiritusgerät

Eine preiswerte Alternative zu Räuchergeräten Marke Eigenbau sind Heißräuchergeräte, die aus Spiritusbrenner, Räuchermehlpfanne, Abdeckschale, einem Rost und dem Gehäuse mit Deckel bestehen. Das Räuchermehl wird in die Pfanne gestreut und erhitzt. Wenn es glimmt, legen Sie Gewürze oder Kräuter darauf. Um den Saft oder das Fett aufzufangen, setzen Sie die Abdeckschale ein, bevor Sie das Räuchergut auf dem eingeölten Rost darüber platzieren und das Gerät mit dem Deckel schließen. Räucherzeiten und -temperaturen sind in etwa mit denen der Tonne zu vergleichen.

Dieses kombinierte Grill-Räucher-Gerät bietet vielseitige Einsatzmöglichkeiten.

Räuchern mit dem elektrischen Räuchergerät

Ganz ohne Basteltricks und um einiges komfortabler können Sie mit den modernen elektrischen Heißräuchergeräten räuchern. Für den normalen Haushalt und den Bedarf zum Selbstverzehr im Familienkreis genügen durchaus die kleineren Geräte. Das Prinzip ist das gleiche, ob mit Holz, Spiritus oder hier mithilfe von Heizstäben. Die Regulierung der Temperatur erfolgt über einen Thermostat, die der Garzeiten über eine Zeitschaltuhr. Zur Raucherzeugung verwenden Sie sehr fein gemahlenes Sägemehl, am besten aus Buchenholz, und getrocknete Gewürze wie Thymian, Rosmarin, Salbei, Lorbeer und Wacholder. Die Geräte werden vorgeheizt und das Sägemehl in der Räucherpfanne zuerst zum Glimmen gebracht. Beginnt das Mehl zu duften, schieben Sie zunächst die Auffangschale und dann den eingeölten Rost mit den zu räuchernden Fischen

oder Fleischstücken hinein. Zum Schluss fügen Sie noch Gewürze oder Kräuter Ihrer Wahl der Räucherpfanne zu und schließen das Gerät, damit weder Hitze noch Rauch entweichen können. Das Ende des Räucherns kündigt Ihnen ein akustisches Signal der Zeitschaltuhr an.
Zugegeben – das elektrische Räuchergerät ist weniger zünftig, aber doch ziemlich praktisch. Es benötigt nur eine Steckdose, die Räuchertemperatur ist immer exakt, es braucht nicht überwacht zu werden, und Sie müssen nicht selbst für den Brennstoff sorgen. Mit einem solchen komfortablen Räucherofen wird Ihr Räuchergut immer auf den Punkt gar und perfekt geräuchert.

Räuchern auf dem Grill

Ein amerikanischer Barbecuegrill lässt sich übrigens auch leicht zu einem Räucherofen umfunktionieren, den Sie mit handelsüblicher Holzkohle betreiben können. Bauen Sie eine Aufhängevorrichtung, oder lassen Sie sich eine Schale aus Baustahl herstellen, in die Sie das Räuchergut einhängen können, und stellen Sie sie auf die Umrandung des Grills. Vorher decken Sie den Grill mit einem Rost ab. Darauf schichten Sie etwas größere Kieselsteine, mit deren Hilfe Sie die Temperatur regeln können. Eine dünne Schicht lässt natürlich mehr Hitze und Rauch durch als eine dickere Schicht.

Bereits ein elektrisches Gerät für etwa 250,– Euro erfüllt alle Anforderungen für den Hobbyräucherer, und es hat den Vorzug, dass man zu keiner Zeit mit einer offenen Flamme arbeiten muss. Die Regulierung der Temperatur erfolgt gleichmäßig mithilfe eines eingebauten Thermostats.

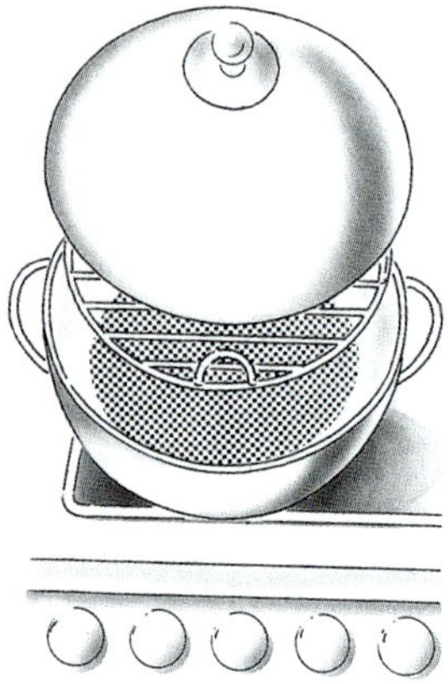

Räuchern im Wok

Räuchern im Wok

Eine ganz einfache Methode ist das Räuchern im Wok. Dazu kleiden Sie den Wok mit Alufolie aus, streuen etwa 2 Esslöffel Räuchermehl und Kräuter oder Tee auf den Boden und erhitzen alles bei geschlossenem Deckel auf dem Herd bei mittlerer Hitze. Der Rosteinsatz wird mit Öl oder Butter bestrichen und das Räuchergut darauf gelegt. Sobald das Räuchermehl zu duften beginnt, setzen Sie den gefüllten Rost hinein, verschließen den Wok wieder und räuchern das Gut so lange, wie es auf den Seiten 55, 61, 73 und 81 angegeben ist.

Partyspaß Räuchern

Stellen Sie zum Würzen auch eine Pfeffermühle mit einer Gewürzmischung aus bunten Pfefferkörnern, Lorbeerblättern, Wacholderbeeren, Piment- und Korianderkörnern und wenigen Nelken auf den Tisch.

Gerade mit kleinen Räucheröfen, mit alten Brätern und mit dem Wok lassen sich ohne große Mühe oder besonderen Aufwand kulinarische Partys mit Freunden feiern. Es gibt auch sehr preiswerte Räucheröfen, die auf dem Gartengrill mit Holzkohle oder auf dem Küchenherd beheizt werden. Es dürfen sechs bis acht Personen am Esstisch Platz nehmen. In den Räucherofen kommen Fisch- oder Fleischfilets. Knuspriges Baguette sollte auf jeden Fall auf dem Tisch stehen, ebenso die Pfeffermühle und der Salzstreuer. Wenn Sie Fische räuchern, servieren Sie dazu eine große Schüssel mit Blattsalaten, Gurke und vielen frischen Kräutern, außerdem frisch gekochte Pellkartoffeln, gekochte Linsen mit viel Suppengrün, natürlich ohne Brühe. Auch gekochte weiße Bohnen schmecken vorzüglich zu geräuchertem Fisch. Als Getränk passt eigentlich nur eines: kühles Bier.

Zum Räuchern empfehlen wir Ihnen Lachsfilets oder Lachskoteletts, Filets von Forelle, Zander, Heilbutt, Steinbeißer, Seelachs, Rotbarsch oder Seeteufel. Aber auch geschälte oder ungeschälte Riesengarnelen und geputzte Tintenfische lassen sich gut räuchern. Die Filets waschen und mit Küchenpapier trocken tupfen, danach am besten auf ein Gitter legen und mindestens 30 Minuten trocknen lassen. Die Fischfilets im geschlossenen Räucherofen, Bräter oder Wok 10 bis 15 Minuten räuchern und ofenfrisch servieren.

Für die zweite Variante wählen Sie Filets, Steaks oder Schnitzel von Huhn, Pute, Ente, Kalb, Rind, Schwein oder Lamm. Dazu reichen Sie Kartoffelsalat, Nudelsalat, eingelegtes Gemüse wie Paprikaschoten, Zucchini, Auberginen, Champignons, Zwiebeln oder eine Schüssel mit bunt gemischtem Gartensalat.

Räuchern wie die Profis

Wollen Sie in erster Linie Würste und Fleisch, und dies auch noch in größeren Mengen, räuchern, dann kommen Sie nicht um den Kauf eines Räucherschrankes herum. Adressen von Firmen, die solche großen Räucherschränke anbieten, finden Sie im Anhang. Für den Anglerverein lohnt sich eventuell auch der Bau eines Räucherofens oder sogar einer kleinen Räucherkammer.

Angler und Menschen, die in großen Mengen Fleisch weiterverarbeiten (einfrieren), sind mit einem komfortablen Räucherofen gut bedient. Anglerkollegen, Freunde und Nachbarn werden den Ofen sicherlich auch öfter mitbenutzen.

Solche großen Elektro-Räucherschränke sind ideal für Fischer oder Gastwirte – eben eher für die Profis. Ein spezieller Rauchrohranschluss ermöglicht den Betrieb in geschlossenen Räumen.

Vor dem Räuchern

Waschen, salzen, trocknen

Aus Silber wird Gold

Wer es einmal für sich entdeckt hat, wird vom Räuchern nicht mehr lassen wollen. Neben dem unübertrefflichen Geschmack der geräucherten Delikatessen ist es auch ein Erlebnis, wenn silberfarbene Fische im Räucherofen verschwinden, um nach kurzer Zeit herrlich goldfarben und verlockend duftend serviert zu werden.
Bis dahin ist aber noch einiges zu erledigen, denn die Vorbereitung des Räucherguts ist mindestens ebenso wichtig wie der Aufbau des Räuchergeräts und die richtige Auswahl des Räuchermehls.

Salz veredelt das Räuchergut

Einst war Salz, das weiße Gold, sehr wertvoll. Überall dort, wo Salz aufbereitet wurde oder auf große Fahrt ging, kamen die Menschen zu Wohlstand und Ansehen. Heute ist Salz ein Allerweltsgewürz, aber unerlässlich für den guten Geschmack. Wozu Sie das Salz brauchen, um Geräuchertes aus dem Ofen zu holen, erfahren Sie auf den folgenden Seiten.

Der Trick mit dem Salz

Das Einsalzen mit Speisesalz und das Pökeln mit Nitritpökelsalz dient in erster Linie der Konservierung, aber außerdem einer nicht unerheblichen Geschmacksverbesserung des Räucherguts. Daneben gilt es, eine der wichtigsten Regeln beim Räuchern zu befolgen: Alles, was Sie räuchern möchten, muss möglichst trocken in den Ofen kommen – und das erreichen Sie ebenfalls durch Einsalzen oder Pökeln. Beide Methoden folgen dem physikalischen Prinzip der Osmose: Legt man einen Fisch oder ein Stück Fleisch in eine salzige Lake, kommt es durch den Druckunterschied zu einem Austausch zwischen der Lake und dem Zellgewebe des Räucherguts. Das heißt, dem Zellgewebe wird Wasser entzogen und dieses durch Salz ersetzt. Und was weniger Wasser enthält, wird trockener und dadurch haltbarer. Gleichzeitig tötet das Salz zersetzende Mikroorganismen ab. Heute ist uns allerdings die Verbesserung des Aromas durch das Einsalzen meist wichtiger als die gesteigerte Lagerfähigkeit. Wer frische Kräuter wie Thymian, Rosmarin, Salbei, Basilikum und Zitrusschalen sowie feste Gewürze zur Geschmacksverbesserung verwendet, sollte die Lake aufkochen, um Keime und Bakterien abzutöten. Anschließend die vorbereiteten Fische in die abgekühlte Lake legen.

Osmose
Konzentrationsaustausch zweier verschieden starker Lösungen durch eine durchlässige oder halb durchlässige Membran. Je nach Konzentrationsverhältnis entsteht auf einer Seite ein Überdruck.

Pökeln

Gepökelt mit Nitritpökelsalz wird heute nur Fleisch und auch nur solches, das für die Kalt- oder Warmräucherei entsprechend vorbereitet werden muss. Das über mehrere Tage oder gar Wochen dauernde Räuchern bei niedrigen Temperaturen verlangt »haltbar« gemachtes Räuchergut. In unseren Rezepten beschränken wir uns auf das für den Hobbyräucherer einfachere Heißräuchern und empfehlen Ihnen, das Fleisch vor dem Trocknen und Räuchern nass einzusalzen oder aber auch in eine würzige Marinade zu legen. Vorschläge dazu finden Sie auf Seite 58. Tipps und Hinweise zum Pökeln geben wir auf den Seiten 57 bis 59. Zum Pökeln brauchen Sie Nitritpökelsalz. Sie bekommen es bestimmt bei Ihrem Metzger an der Ecke oder im Versandhandel. Mit Kochsalz und Salpeter sollten Sie keine Pökellake ansetzen, überlassen Sie das lieber dem Fachmann. Das Fleisch sollte immer mit reichlich Lake bedeckt sein.

Mit dem Sudmesser (unten) wird die Konzentration der Lake, in die das Räuchergut beim Nasssalzen eingelegt wird (rechts), gemessen.

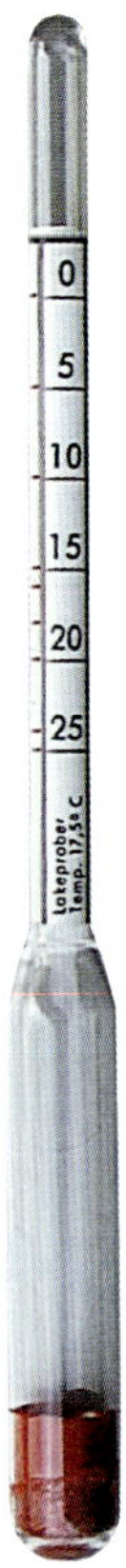

Einsalzen

Das Einsalzen des Räucherguts mit Speisesalz ist vor allem beim Heißräuchern das Mittel der Wahl und garantiert eine Verbesserung des Aromas. Grundsätzlich unterscheidet man zwischen dem Trockensalzen in kurzer Zeit und dem Nasssalzen über mehrere Stunden hinweg.

Das Trockensalzen

... wird hauptsächlich bei Fischen angewendet. Der sauber vorbereitete Fisch wird innen und außen kräftig mit Salz eingerieben und dann je nach Fischart und Fischgröße für einige Stunden in eine Wanne gelegt. Dieses trockene Einsalzen führt jedoch häufig zu ungleichmäßigen Salzkonzentrationen.

Haben Sie wenig Zeit zum Salzen, dann empfiehlt sich das Trockensalzen von Fischen. Das Nasssalzen ergibt ein besseres Ergebnis, dauert in der Regel jedoch 10 bis 12 Stunden.

Das Nasssalzen

... in einer ungesättigten Salzlake garantiert Ihnen ein sehr gleichmäßiges Einsalzen. Das Verhältnis Räuchergut zu Lake sollte mindestens 1:1, besser 1:1,5 betragen – also beispielsweise etwa 1 Kilogramm Fisch in 1 bis 1,5 Liter Lake. Eine ungesättigte Salzlösung erhalten Sie, wenn Sie je 1 Liter Wasser 50 bis 80 Gramm Kochsalz nehmen. Verwenden Sie die Lake aus hygienischen Gründen immer nur einmal!

Das sauber vorbereitete Räuchergut wird hierbei für etwa 10 bis 12 Stunden in die Salzlösung gelegt, am besten in einer flachen Kunststoffwanne. Fisch oder Fleisch müssen vollständig von der Flüssigkeit bedeckt sein und immer wieder gewendet werden. Das Gefäß sollte dunkel und kühl (etwa 10 bis 15 °C) stehen. Dieses Verfahren nennt man folgerichtig Nasssalzen – es hat den Vorteil, dass das Räuchergut sehr gleichmäßig gesalzen wird.

Vorsicht bei der Auswahl des Salzes: Fische dürfen nicht mit Nitritpökelsalz gesalzen werden.

Um den Geschmack Ihres Räucherguts zu optimieren, können Sie der Salzlake getrocknete Kräuter wie Rosmarin, Thymian, Lorbeer, Dillsamen, Dill, Koriandersamen, geschrotete Pimentkörner und Pfefferkörner, aber auch Zitrusschalen von Biofrüchten oder klein geschnittenes Zitronengras beigeben. Wenn Sie frische Kräuter verwenden, sollten Sie die Lake aufkochen und abkühlen lassen, damit eventuell vorhandene Bakterien abgetötet werden. Nach Belieben können Sie die gewürzte Lake auch vor dem Einlegen des Räucherguts abseihen. Würzen Sie die Lake aber nicht zu stark, um den charakteristischen Eigengeschmack des Räucherguts nicht zu überdecken.

So bereiten Sie Fische für das Räuchern vor

Wenn Sie sich entschieden haben, frisch geangelte Fische zu räuchern, müssen Sie einige Vorbereitungen treffen. An erster Stelle steht das schnelle Betäuben und Töten des Tieres. Dann folgt das Ausnehmen und gründliche Waschen. Je nach der Größe des Fisches wird er im Ganzen verwendet, halbiert oder in Stücke (Koteletts) geschnitten. Es folgen das Salzen, Spülen und Trocknen, an der Luft oder im vorgeheizten Räuchergerät. Danach kommt das gute Stück in das Räuchergerät zum Garen und wird anschließend aufs Köstlichste im Rauch veredelt.

Wenn Sie tiefgekühlte Fische räuchern wollen, dann müssen Sie sie sofort nach dem Auftauen trocknen und räuchern.

Waschen und Ausnehmen

Die Fische werden mit einem scharfen Messer aufgeschnitten. Nach dem Öffnen muss der Verdauungstrakt hinter dem Kopf abgeschnitten und die Innereien herausgezogen werden. Die Niere wird getrennt mit einem löffelähnlichen Instrument herausgeschabt. Nun werden die Fische sehr gründlich gewaschen. Dabei müssen sie sorgfältig entblutet und entschleimt werden. Die Schuppen werden nur entfernt, wenn sie verletzt sind. Auf jeden Fall müssen die Kiemen bei jedem Fisch durch Herausschneiden entfernt werden. Bei Aalen ist das wegen der kleinen Öffnung schwierig. Drücken Sie deshalb bei Aalen die Kiemenblätter einfach heraus. Die Kiemen sind ein guter Nährboden für Bakterien, und sie bluten nach, wodurch es beim Räuchern zu unschönen Streifen kommt.

1 Den Fisch an der Basis der Rückenflosse bis auf den Rippenansatz einschneiden und den Schnitt zuerst bis zum Kopf führen. Der Fisch kann am besten mit einem trockenen Tuch festgehalten werden.

2 Wieder an der Rückenflosse ansetzen und bis zum Schwanz schneiden. Am unteren Ende, unmittelbar über der Wirbelsäule, den Schnitt bis zur Basis der Schwanzflosse führen und dann die Schwanzflosse teilen.

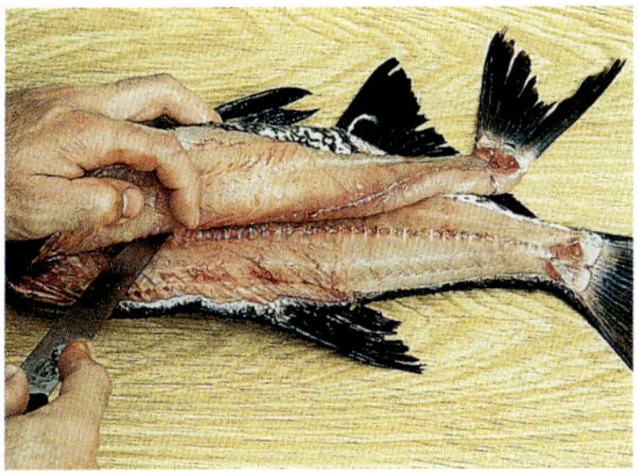

3 Die Rippen vorsichtig mit der Messerspitze durchtrennen. Achtung: Das Messer darf nicht zu tief eindringen, damit die Eingeweide, besonders Darm und Galle, nicht verletzt werden und in die Bauchhöhle gelangen.

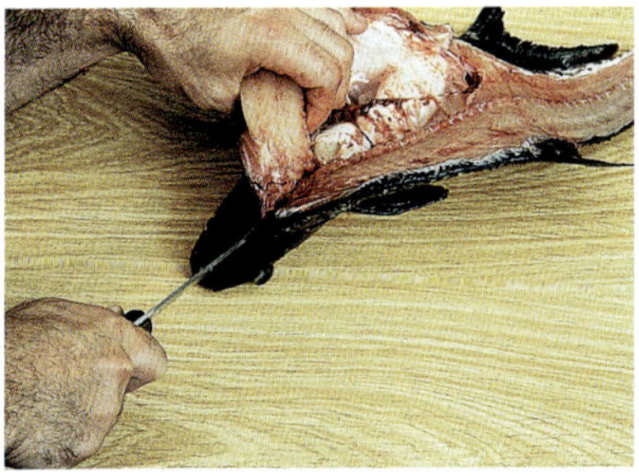

4 Der Kopf des Fisches wird mit einem schweren Messer und eventuell mit einem Schlagholz gespalten. Dabei darauf achten, dass der Kopf an der Unterseite nur bis zum Ansatz der Kiemendeckel geteilt wird.

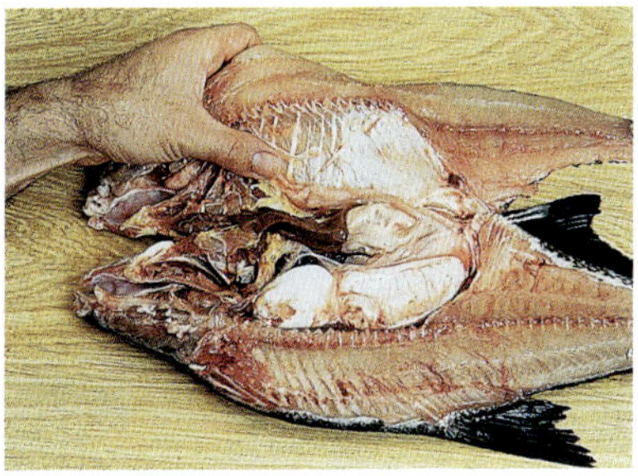

5 Die Fischhälften auseinanderklappen und die Eingeweide mit der Hand vorsichtig herausziehen.

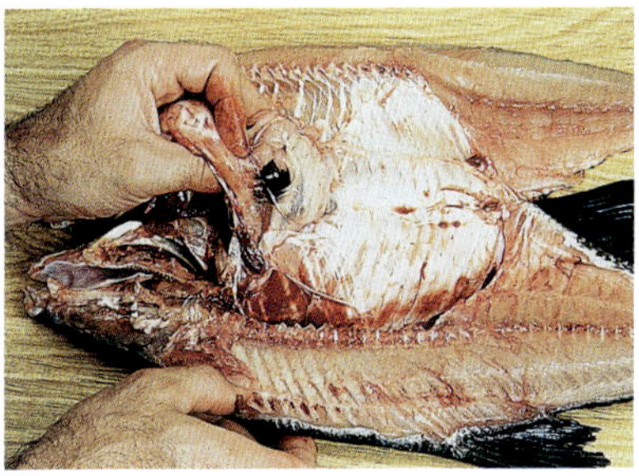

6 Die Kiemen mit den Fingern fassen und herausziehen. Anschließend die Fische sauber auswaschen.

»Flecken« ist ein Fachbegriff und bedeutet, dass – meistens größere – Fische vom Rücken her in zwei Hälften geschnitten werden, wobei die Hälften an der Bauchseite miteinander verbunden bleiben. Dadurch erreicht man eine gleichmäßige Fleischdicke, was die Räucherzeit verkürzt.

Gewaschene Fischhälften von geflecktem Karpfen (links) und gefleckter Brasse (rechts).

Größere Fische in Teilstücken räuchern

Der abgetrennte Kopf lässt sich hervorragend für den Sud einer Fischsuppe verwenden. Entfernen Sie vorher jedoch unbedingt die Kiemen.

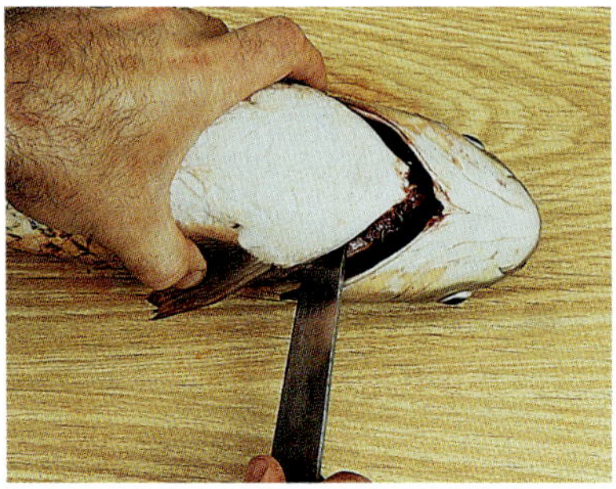

1 Trennen Sie den Fischkopf mit einem Messer durch einen schrägen Einschnitt, der auf der Bauchseite beginnt und bis zur Wirbelsäule geführt wird.

2 Die Wirbelsäule einschneiden und den Kopf abdrehen. Achtung: Greifen Sie nicht in die Kiemenöffnung, die Ränder sind sehr scharf.

3 Nun wird der Fisch sorgfältig in Teilstücke geschnitten, wobei Sie Darm und Gallenblase nicht verletzen.

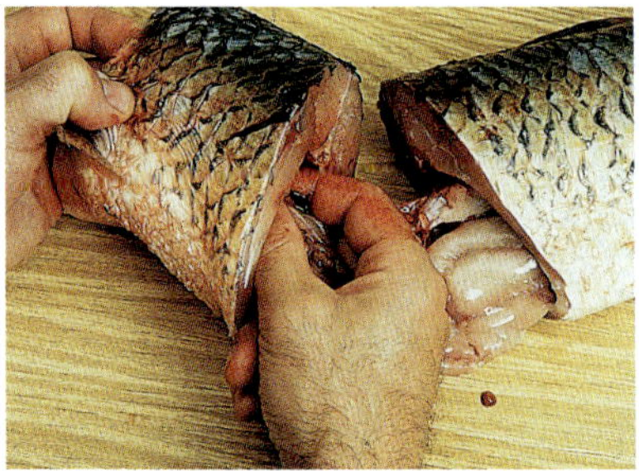

4 Folgen Sie dem Verlauf der Rippen, wenn Sie die nächsten Teilstücke abtrennen.

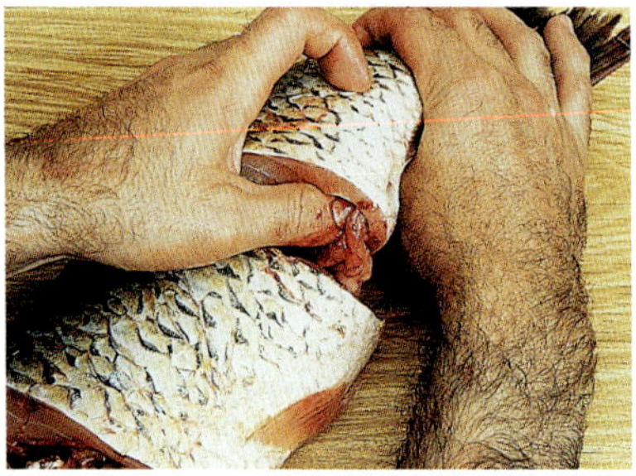

5 Lösen Sie die Eingeweide mit den Fingern vorsichtig aus den Teilstücken, und ziehen Sie sie heraus.

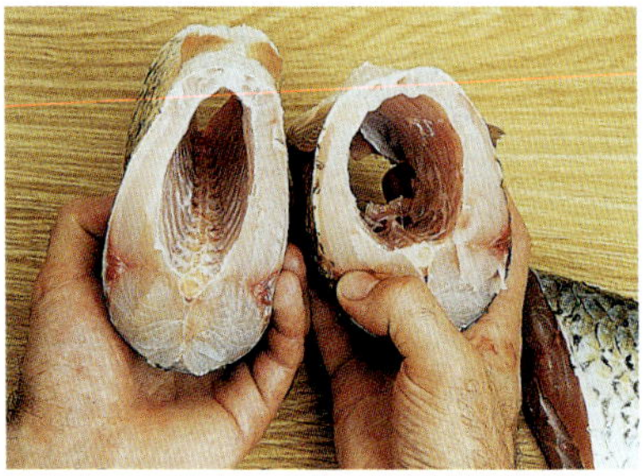

6 Alle Teilstücke gründlich waschen und darauf achten, dass sämtliche Reste der Innereien entfernt sind.

Nasssalzen von Fischen

1 Fügen Sie dem Wasser pro Liter 50 bis 80 Gramm Kochsalz zu.

2 Lösen Sie das Salz vollständig im Wasser auf.

3 Zur Geschmacksverbesserung und damit das Räuchergut feucht und zart bleibt, geben Sie der Lake noch den Saft von ½ Zitrone oder 2 Esslöffeln Weißweinessig und Fischgewürz hinzu. Um Keime abzutöten, empfiehlt es sich, die Lake mit frischen oder getrockneten Kräutern und Gewürzen aufzukochen und abgekühlt weiterzuverwenden.

Wer den Geschmack des Fisches schätzt, wird ihn innen und außen kräftig mit Salz einreiben, denn nach dem Räuchern zu salzen hat nicht die gleiche Wirkung.

Nasssalzen am Beispiel von Aalen und Forellen

1 Ungefähr 8 Kilogramm vorbereitete Aale oder Forellen werden in eine Lake aus 8 Litern kaltem Wasser und etwa 500 Gramm Kochsalz gelegt.

2 Das Nasssalzen von Forellen oder Aalen beträgt etwa 12 Stunden. In dieser Zeit sollten die Fische mehrmals gewendet werden.

Sorgfältig spülen und trocknen

Nach dem Salzen müssen die Fische gründlich unter fließendem Wasser abgespült werden. Dabei dürfen die Schuppen nicht verletzt werden. Auch der Bauchraum muss sehr gründlich ausgespült werden. Ebenso müssen alle Blutspuren und Schleimreste unter fließendem Wasser entfernt werden. Anschließend werden die Fische oder Fischteile zum Trocknen aufgehängt. Dabei dürfen sie natürlich nicht der prallen Sonne ausgesetzt sein. Ein leichter Windhauch ist sehr günstig. Dort, wo die Fische nicht aufgehängt werden können, sollten sie auf einem Rost lagern und abtrocknen. Die Fische und Fischteile können aber auch im Räucherofen langsam getrocknet werden. Lediglich Aal, Aalmutter und Hornhecht werden nass in den Räucherofen gehängt. Wer jedoch seinen Räucherfisch nicht so festfleischig mag, kann ihn auch sofort nach dem Abspülen mit einem Küchenpapier abtrocknen und gleich räuchern.

Alle Fische und ganz besonders Aale müssen nach dem Salzen sehr sorgfältig unter fließendem kaltem Wasser abgespült werden.

Trocknen an der Luft

An der Luft dauert dieser Trockenprozess ungefähr ein bis zwei Stunden. Ideal ist hierfür ein Schattenplätzchen mit leichtem Windzug. Damit die Luft überall herankann, legt man den Fisch auf einen Rost oder hängt ihn auf. Versuchen Sie aber nicht, die Sache zu beschleunigen, indem Sie das Räuchergut in die pralle Sonne hängen – die geschmackliche Qualität würde darunter leiden.

Trocknen im Ofen

Variante zwei, das Trocknen der Fische im Ofen, beschreibt das sogenannte Heiß-Trocken-Räuchern im Unterschied zum Heiß-Nass-Räuchern bei Aal, Aalmutter und Hornhecht. Beim Heiß-Trocken-Räuchern hängen Sie den abgetrockneten, aber noch feuchten Fisch in den kalten Ofen und trocknen ihn bei niedrigen Temperaturen bis höchstens 60 °C und bei nur leichter Rauchentwicklung. Achten Sie auf ausreichende Luftzirkulation (Ofentür einen Spalt offen lassen). Zu hohe Anfangstemperaturen würden die Fische weich werden lassen, wodurch sie leicht auseinander- und vom Haken fallen. Trocken sind die Fische nach etwa 30 bis 60 Minuten. Sie sollten sich leicht ledrig anfühlen, die Flossen sind weiß.
Das Heiß-Nass-Räuchern wird nur bei Aal, Aalmutter und Hornhecht angewendet. Die Fische werden unter fließendem Wasser gründlich mit Salz abgerieben, um den Schleim zu entfernen. Anschließend werden sie für acht bis zwölf Stunden in eine Salzlake gelegt. Die Fische herausnehmen und gründlich unter lauwarmem Wasser abspülen. Wer mag, kann Aal, Aalmutter und Hornhecht mit etwas frisch gemahlenem Pfeffer würzen. Die Fische nass in den Räucherofen hängen und bei 90 bis 100 °C 20 bis 40 Minuten garen. Die Zeit hängt von der Dicke der Fische ab. Während des Garvorgangs bleibt der Deckel ein wenig geöffnet. Später werden die Fische ungefähr zwei Stunden geräuchert.

Das Trocknen der Fische an der Luft darf niemals zum völligen Austrocknen der Haut führen. Beim Räuchern wird die Haut des Fisches wasserdampfundurchlässig, wodurch der Fisch breiig würde.

Würzen vor dem Trocknen

... kann den Fischen noch eine ganz besondere Note verleihen. Welche Kräuter und Gewürze Sie dafür verwenden, ist ganz Ihrem Geschmack und Ihrer Fantasie überlassen. Zu Weißfischen passt vieles, vor allem Rosmarin, Thymian, Salbei, Dill, Estragon, Petersilie oder auch Basilikum. Nur Fische, die einen sehr starken Eigengeschmack haben, wie Aale und Karpfen, sollten Sie außer mit Salz und Pfeffer nicht noch zusätzlich würzen, da das ihr typisches Aroma überdecken könnte.

Das Aufhängen von Fischen

Beim Räuchern von Fischstücken sollten Sie darauf achten, die Stücke mit Haut einzuhängen. Die Gefahr, dass sie abfallen, ist sonst zu groß. Gut geeignet hierzu sind Kehlhaken.

Achten Sie immer auf die richtige Aufhängung der Fische. Die Enttäuschung ist sonst groß, wenn die erwartete Köstlichkeit zerbröselt am Boden liegt. Sie können die Fische mit Räucherhaken, mithilfe von -stangen und mit Schnüren aufhängen. Im Fachhandel für Anglerzubehör und Räucheröfen finden Sie verschiedene Haken und Schnüre. Die Haken sollten aus hygienischen Gründen aus Edelstahl und die Schnüre aus Naturfasern sein.

Kehlhaken

... eignen sich für Aale und kleine Fische bis 200 Gramm.

1 Die beiden Spitzen werden gleich hinter dem Kopf von der Bauchseite her beiderseits der Wirbelsäule eingestochen.

2 Anschließend werden die beiden Spitzen durch die Außenhaut der Fische gestochen, damit diese beim Räuchern nicht abfallen.

Am Stück oder portionsweise räuchern?

Aale sollte man in jedem Fall unzerteilt räuchern, wobei man jedoch darauf achten sollte, dass sie nicht länger sind, als die Höhe des Räuchergerätes misst.
Karpfen müssen, wenn sie besonders groß sind, in zwei Hälften getrennt werden, während *Forellen* auch in einem Stück geräuchert werden können. Sie sollten dabei aber nicht mehr als 300 Gramm, maximal 400 Gramm wiegen. Seefische wie *Kabeljau* und *Heilbutt* schneidet man vor dem Räuchern in etwa 2 bis 3 Zentimeter dicke Scheiben.

Doppelhaken

… eignen sich für ganze Fische und Fischstücke.

Der Hobbyräucherer sollte größere Fische am Anfang seiner Räucherkarriere besser halbiert oder als Koteletts räuchern. Mit etwas mehr Erfahrung können später dann auch große Fische geräuchert werden.

1 Zuerst wird das obere Ende des Hakens von der Bauchhöhle her durch das Maul geschoben.

2 Beide Spitzen links und rechts der Wirbelsäule so weit eindrücken, bis der Haken auf der Wirbelsäule liegt.

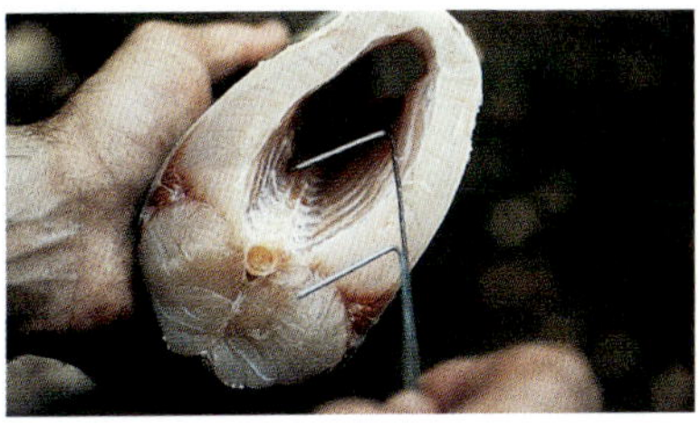

3 Bei Fischstücken und Fischkoteletts wird der Doppelhaken in die Öffnung geführt und links und rechts der Wirbelsäule eingestochen.

S-Haken

… sind die gebräuchlichsten und eignen sich sowohl für alle Fische als auch für Fleischstücke.

Gleich welche Haken Sie einsetzen – sie sollten aus nicht rostendem Stahl oder aus Aluminium hergestellt sein.

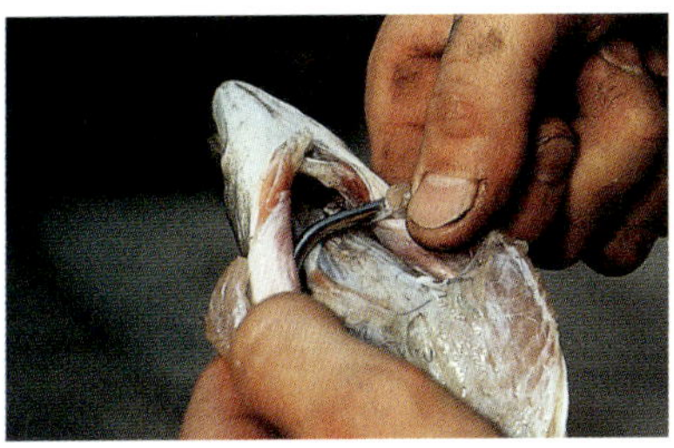

1 Der Haken wird mit dem spitzen Bogen direkt hinter dem Kopf der Fische von der Bauchseite her hinter der Wirbelsäule herumgeführt. Die Haken sollten am besten aus leicht zu reinigendem Edelstahl sein.

2 Mit den S-Haken müssen Sie auch die Außenhaut durchstechen. Dann hängt der Fisch richtig und fällt nicht ab. Manchen Haken können Sie auch selber herstellen, fragen Sie bei Ihren Räucherkollegen nach.

Spitterstangen

... können Sie sich leicht aus rostfreiem Stahldraht bis zu 8 Millimeter Durchmesser herstellen.

Die Enden werden zugespitzt und die Fische direkt hinter dem Kopf neben der Wirbelsäule aufgespießt. Wer ganz sichergehen will, nimmt zwei Spitterstangen und sticht sie beiderseits der Wirbelsäule durch.

Das Aufhängen mit Schnüren

Eine der schnellsten und einfachsten Methoden ist das Aufhängen an Schnüren – gern eingesetzt bei Fischen, deren Kiemen nicht entfernt werden. Über Kopf hängend, können sich am Körper keine »Blutstreifen« bilden.

Hierzu verwenden Sie bitte ausschließlich Schnüre aus Naturfasern. Eine Stärke von ungefähr 1 bis 2 Millimetern ist ausreichend. Wir zeigen Ihnen hier den »Mastknoten«:

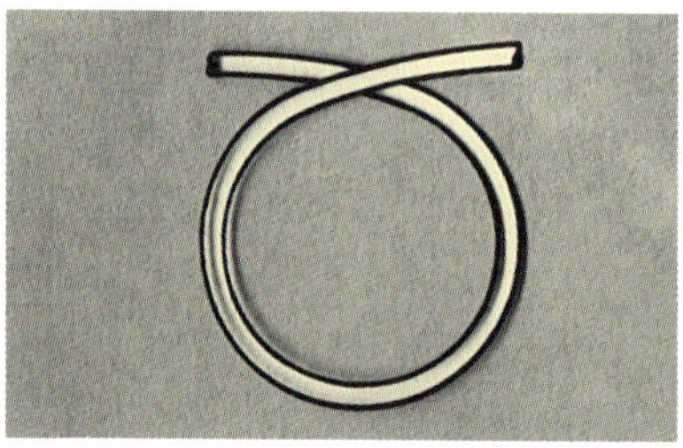

1 Die Schnur mit der linken Hand fassen und mit der rechten Hand eine Schlinge bilden und festhalten.

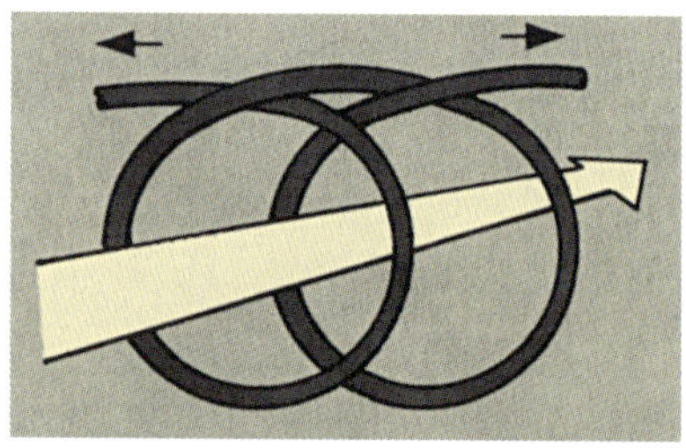

2 Eine zweite Schlinge bilden, die Schwanzflossen durch beide Schlingen stecken und zuziehen.

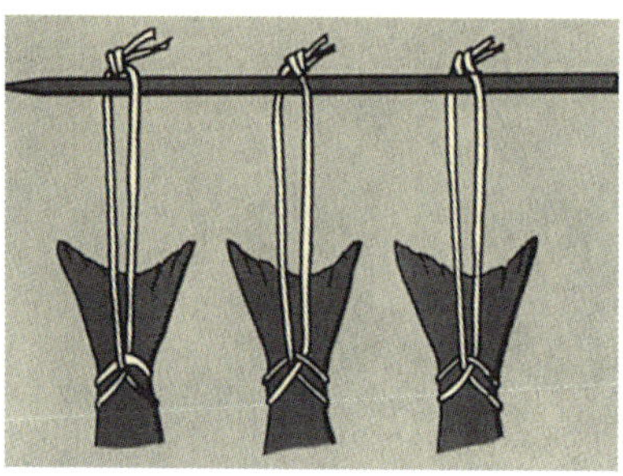

3 Nun beide Schnurenden fassen und etwa zehn Zentimeter oberhalb der Schwanzflosse verknoten. Mit dieser Schlaufe werden die Fische einfach auf die Räucherspieße aufgereiht.

Aale können mit einer Schnur aus Naturfasern zum Räuchern aufgehängt werden. Diese muss im Kopfbereich zweimal im Abstand von fünf Zentimetern fest verknotet werden. Stechen Sie rechts und links am Schwanzende in den Aal, damit das Fett während des Räucherns abfließen kann.

Gar- und Färbephase

Das Räuchern selbst besteht aus zwei Phasen: dem Garvorgang, bei dem der Fisch bei etwa 90 bis 120 °C gegart wird, gefolgt von der eigentlichen Räucherphase, auch Färbephase genannt. In dieser Phase wird die Ofenhitze langsam auf etwa 60 °C zurückgefahren. Der Fisch erhält unter starker Rauchentwicklung seine typische goldgelbe Färbung. Ob der Fisch wirklich gar ist, können Sie übrigens leicht überprüfen: Die Rückenflosse sollte sich dann leicht aus dem Fisch herausziehen lassen und das anhaftende Fleisch nicht mehr glasig, sondern weiß aussehen.

Hängen Sie die Fische nicht zu dicht auf. Berührungsstellen verursachen weiße Flecken an den Fischen.

Richttemperaturen und -zeiten für Räucherfisch

Fischart	Trocknen	Garen	Räuchern/ Färben
Weißfische Heiß-Trocken	Im kalten Ofen etwa 30 Minuten bei maximal 60 °C	Bei durchschnittlich 90 °C, kurzfristig auch 100 bis 120 °C, etwa 20 bis 60 Minuten	Bei 50 bis 60 °C im Rauch für 45 Minuten bis zu 2 Stunden
Aal Heiß-Nass	–	Nass im auf etwa 90 °C vorgeheizten Ofen für etwa 30 Minuten	Bei 60 °C 1 bis 2 Stunden

So viele Plattfische auf einmal, hier der Heilbutt, werden nicht von Hobbyräucherern verarbeitet.

Kann man tiefgefrorenen Fisch räuchern?

Dass frisch gefangener und geräucherter Fisch eine besondere Delikatesse ist, steht außer Frage. Sie können natürlich auch gekauften Fisch, wenn er absolut frisch ist, und tiefgefrorenen Fisch räuchern. Bei tiefgefrorenem Fisch müssen Sie darauf achten, dass er langsam, am besten über Nacht, im Kühlschrank auftaut. So verliert er am wenigsten Wasser. Es ist nicht ratsam, den gefrorenen Fisch in eine Schüssel mit Leitungswasser zu legen, um ihn schnell aufzutauen. Der Fisch ist aufgetaut, wenn Sie ihn leicht biegen können. Sobald der Fisch aufgetaut ist, muss er mit ausreichend viel Küchenpapier oder Küchentüchern sorgfältig abgetrocknet werden. Danach wird er einige Stunden in eine Salzlake gelegt, zum Trocknen aufgehängt und später wie frischer Fisch geräuchert. Er muss besonders sorgfältig aufgehängt werden, um beim Räuchern nicht abzufallen. Sie können den tiefgefrorenen Fisch aber auch gleich in eine Salzlake legen. Darin ruht er zwei bis drei Stunden kürzer als frischer Fisch.

Tiefgefrorener Fisch nimmt die Salzlake besonders intensiv auf und ist nach dem Einsalzen deutlich brüchiger als frischer Fisch. Daher Vorsicht beim Aufhängen!

So bereiten Sie Fleisch und Geflügel vor

Wie schon erwähnt, ist es heute nicht mehr nötig, Fleisch, Wild oder auch Geflügel vor dem Räuchern tage- oder wochenlang zu pökeln, es sei denn, Sie möchten es konservieren. Trotzdem kann es auch für unsere Rezeptvorschläge, ähnlich wie beim Fisch, von Vorteil sein, das Fleisch oder das Geflügel zu pökeln oder auch für einige Stunden in eine würzige Marinade zu legen. Denn Rauch ist die eine Sache, das Salz oder die Marinade versprechen hingegen auf jeden Fall einen noch intensiveren und herzhafteren Geschmack.
Die von uns angegebenen Ruhezeiten im Pökelbad sind Richtwerte. Nach ein paar Versuchen werden Sie die richtige Lakenlösung und Ruhezeit für Ihr Geräuchertes gefunden haben.

Pökeln

Wollen Sie kalt- oder warmräuchern, müssen Sie pökeln, sonst wird Ihnen das Räuchergut bei den langen Räucherzeiten bei niedrigen Temperaturen unweigerlich verderben. Entsprechendes Pökelsalz erhalten Sie bei Ihrem Metzger oder im Fachhandel. Reiben Sie die Räucherstücke nach Belieben mit einer Kräutermischung ein, und lagern Sie sie von der Pökellake völlig überdeckt in einem Steingut- oder Holzfass an einem kühlen, dunklen Ort, jedoch nicht im Kühlschrank.
Die Pökeldauer ist unterschiedlich und hängt von Größe und Fettgehalt der Pökelstücke sowie der Lakenkonzentration und der Temperatur ab. Den entstehenden Schaum schöpfen Sie am besten jeden Tag ab, um einer Fäulnis vorzubeugen.

Lakenkonzentration

Die Lake sollte von Ihnen in einem Verhältnis von 100:11 angesetzt werden. Das bedeutet: In jeweils 1 Liter Wasser werden 100 Gramm Nitritpökelsalz und 10 Gramm Zucker gelöst. Selbstverständlich können Sie auch hier wieder Gewürze wie Piment, Pfeffer, Wacholder, Zitrusschalen, Koriander, Dillsamen und getrocknete Kräuter wie Salbei, Estragon, Thymian oder Rosmarin der Lake hinzufügen. Feste Gewürzkörner können im Mörser zuvor zerstoßen werden. Im Allgemeinen rechnet man auf 1 Kilogramm Räuchergut rund 10 Gramm Gewürz oder Gewürzmischung. Mehr sollte es nicht sein, um den Eigengeschmack von Fleisch und Geflügel nicht zu verfälschen.

Setzen Sie der Lake ein wenig Honig oder Zucker zu, damit das Fleisch zart und feucht bleibt.

Salzen und Marinieren

Für das Heißräuchern reicht das Einreiben mit Salz – also das Trockensalzen –, oder wenn Sie eine gleichmäßige Salzung bevorzugen, das Nasssalzen, wie wir es bei der Vorbereitung von Fischen beschrieben haben. Meist genügt bei geringen Mengen das Einlegen über Nacht.
Eine schöne Alternative zum Pökeln ist das Marinieren von Fleisch und Geflügel. Das geht meist schneller, und die geschmacklichen Resultate sind durchaus vergleichbar. Zum Marinieren können Sie das Räuchergut mit Kochsalz und zerriebenen Gewürzen einreiben, oder Sie mischen sich eine Marinade aus Wein oder Wasser und geben die zermörserten Gewürze hinzu. Zum Einlegen eignen sich folgende Gewürze, Kräuter und sonstige Zutaten: Pfeffer, Kümmel, Lorbeerblätter, Koriandersamen, Piment, Majoran, Thymian, Rosmarin, Wacholderbeeren, Zitronengras, Zitrusschalen von Biofrüchten, Zwiebeln, Knoblauch, getrocknete Pilze, Zucker, flüssiger Honig, Ahornsirup und ein guter Essig.

Umrötung

Die typische blassrote Färbung des Pökelfleisches entsteht durch den im Pökelsalz enthaltenen Salpeter sowie durch Kalium- und Natriumnitrate. Der komplizierte chemisch-enzymatische Prozess wird »Umrötung« genannt. Zu kurz gepökeltes Fleisch besitzt einen grauen Kern!

1 Das Räuchergut wird mit Salz und eventuell mit Gewürzen eingerieben.

2 Die Pökellake bzw. die Marinade wird angemischt.

3 Damit das Fleisch völlig von der Lake bedeckt ist, wird der Pökeltopf mit einem Brett abgedeckt und dieses mit einem Stein beschwert. Das Fleisch lieber nebeneinander als übereinander einlegen. Die unten liegenden Fleischstücke nehmen sonst durch den Druck zu viel von der Salzlake auf. Während des Pökelns überprüfen, ob die Lake noch frisch riecht.

Pökelzeiten – Richtwerte

Fleisch	Pökelzeit
Schwein	4 Tage je 500 Gramm
Geflügel	2 bis 3 Tage je 500 Gramm
Wild (nur Hochwild!)	einige Stunden

Abspülen und Trocknen

Selbstverständlich wird auch das gesalzene Fleisch oder Geflügel nach dem Salzen/Pökeln sorgfältig von der Lake befreit. Die gut gereinigten und gewässerten Räucherstücke werden gründlich abgetrocknet – Küchenpapier leistet hier hervorragende Dienste – und am besten hängend an der Luft nachgetrocknet.

Hier prüft der Meister, ob seine geräucherten Würste die gewünschte Festigkeit während des Reifens erlangt haben.

GRUND-REZEPTE

Fisch, Fleisch und Geflügel räuchern

Tipps für Räucheranfänger

Um Ihnen den Start zu erleichtern, finden Sie hier zahlreiche Grundrezepte zum Räuchern von Fischen, verschiedenen Fleischsorten, Geflügel und anderen Leckereien, an denen Sie sich orientieren können. Die angegebenen Räucherzeiten können nur ein Annäherungswert sein, weil sie einerseits von Gerät zu Gerät leicht variieren und andererseits die Größenunterschiede des Räucherguts erheblich sein können. Selbstverständlich braucht ein großer, dicker Fisch länger als ein kleines Fischchen. Dabei ist die Räuchertemperatur natürlich auch nicht ohne Einfluss. Geräte mit Thermostaten haben den Vorzug, dass sich die Temperatur leichter kontrollieren und regeln lässt. Bei einfacheren Geräten müssen Sie das Räuchermehl, die Farbe des Rauches und das Räuchergut beachten. Als Faustregel gilt: Der Rauch sollte weiß und dicht bleiben - besonders bei der eigentlichen Räucher- oder Färbephase. Wird er blau, ist das ein sicheres Zeichen, dass Holz oder Räuchermehl nachgelegt werden muss.

Erfahrung macht den Meister

Richtig räuchern braucht Erfahrung. Einmal kommt es darauf an, was für ein Räuchergerät Sie besitzen - ob groß oder klein - und wodurch die Temperatur gehalten wird: durch Gas, Spiritus oder Strom? Besitzt Ihr Räuchergerät einen Thermostat, um die Temperatur über einen längeren Zeitraum zu gewährleisten? Wenn Sie oft und viel räuchern, brauchen Sie ein Räuchergerät, in dem die Wärme nicht nur über den Rauch erreicht und gehalten wird. Die Räuchertemperatur bei Fischen sollte zwischen 50 und 80 °C liegen. Geräuchert wird dann 45 bis 60 Minuten bei Fischen mit einem Gewicht zwischen 300 und 500 Gramm. Filets und Koteletts werden für 30 bis 45 Minuten geräuchert. Sie können ganze Fische auch 30 Minuten bei 60 °C und weitere 30 Minuten bei 65 °C räuchern. Um Aale zu räuchern brauchen Sie ein Räuchergerät, in dem sie frei hängen können, ohne die Wände oder den Boden zu berühren. Geräuchert wird nicht heiß-trocken, sondern heiß-nass, und zwar etwa zwei Stunden, je nach Dicke der Aale, bei Temperaturen zwischen 60 und 90 °C. Vor dem Räuchern werden alle Fische trocken oder nassgesalzen, gut getrocknet und bei einer Temperatur bis 110 °C eine kurze Zeit erhitzt, um Keime abzutöten. Nach dem Garen folgt der eigentliche Räuchervorgang.

Geräuchertes vom Fisch

Geräucherter Fisch frisch aus dem Rauch gilt als unwiderstehlicher Leckerbissen. Angler haben seit jeher ihren Fang direkt am Wasser geräuchert. Mit den handlichen Räucheröfen kann sich jeder Feinschmecker seine geangelten oder frisch gekauften Fische zu Hause räuchern.

Forelle, Saibling, Renke

Zutaten
Forelle, Saibling oder Renke zu je etwa 300 g
Salzlake
Salz
Pfeffer

Für das Räuchermehl:
Wacholdermehl
Thymian, Majoran oder Rosmarin nach Belieben
Etwas Öl zum Einfetten des Rosts

Vorbereitungszeit 12 Stunden *Räucherzeit* 1 Stunde

1 Die gesäuberten und ausgenommenen Fische für 10 bis 12 Stunden in eine Lake (50 bis 80 Gramm Salz auf 1 Liter Wasser) legen. Sie müssen vollständig bedeckt sein.

2 Anschließend die Fische abspülen und mindestens 1 Stunde wässern, dann abtrocknen.

3 Bevor es ans Räuchern geht, die Fische innen mit Salz und Pfeffer bestreuen, wobei gemahlener oder geschroteter Pfeffer verwendet werden kann. Die Fische in den Ofen hängen oder mit der Bauchseite nach oben auf den eingeölten Rost legen.

4 Die Fische im Räuchergerät bei 30 bis 40 °C ungefähr 60 Minuten trocknen.

5 Die Temperatur auf 60 bis 90 °C erhöhen und die Fische 30 bis 60 Minuten garen. Den Deckel dabei nicht ganz schließen.

6 Die Hitze auf ungefähr 60 °C reduzieren. Nun den Deckel schließen, damit sich starker Rauch entwickelt. Die Fische noch 45 bis 60 Minuten räuchern.

Tipp Nehmen Sie die Fische nicht gleich aus dem Räuchergerät. Öffnen Sie den Deckel, und holen Sie sie erst nach etwa 30 Minuten aus dem Ofen. Jetzt können Sie den Fisch ofenfrisch servieren oder abgekühlt im Kühlschrank bis zu zwei Wochen aufbewahren.

Salzen, trocknen und garen

Das **Salzen** der Fische dauert in der Regel 10 bis 12 Stunden bei einer Lake aus 50 bis 80 Gramm Salz (Speisesalz, kein Pökelsalz) auf 1 Liter Wasser. Tiefgefrorene Fische können sofort in diese Lake gelegt werden, die Einwirkzeit beträgt dann 2 bis 3 Stunden weniger.
Das **Trocknen** geschieht im Schatten an der Luft einige Stunden oder im Räuchergerät bei Temperaturen zwischen 30 und 40 °C für etwa 30 bis 60 Minuten. Das Räuchergut sollte sich leicht ledrig anfühlen.
Das **Garen** erfolgt im Räuchergerät bei Temperaturen um 90 °C und dauert 40 bis 60 Minuten. Einige Minuten sollten es 100 bis 110 °C sein, damit Keime und Bakterien abgetötet werden. Die Temperatur ist richtig, wenn sich die Bauchlappen leicht öffnen. Sie ist zu hoch, wenn die Bauchlappen weit auseinanderklaffen. Sie ist zu niedrig, wenn sie sich nach innen ziehen. Einen garen Fisch erkennt man beim Herausziehen einer Flosse am weißen, nicht glasigen Fleisch.

Scholle, Makrele, Brachse, Hecht, Zander

Vorbereitungszeit 12 Stunden 40 Minuten Räucherzeit 45 Minuten

1 Die ausgenommenen Fische nach dem gründlichen Waschen 10 bis 12 Stunden nasssalzen (pro Liter 50 bis 80 Gramm Salz).
2 Aus der Lake nehmen, trocken tupfen, einige Stunden an der Luft trocknen lassen.
3 Die Fische flach auf den eingeölten Rost legen.
4 Die vorbereiteten Fische etwa 30 bis 60 Minuten bei 90 °C im vorgeheizten Räucherofen garen. Dann die Temperatur langsam zurückfahren und die Fische noch für etwa 45 bis 60 Minuten bei 50 °C im Rauch goldgelb färben. Danach kurz im geöffneten Ofen ruhen lassen.

Tipp Achten Sie darauf, dass das Holz bzw. das Räuchermehl wirklich glimmt, wodurch ein schöner Rauch entsteht. Schauen Sie während des Räucherns nicht in den Ofen, weil sonst der Rauch verfliegt und die Temperatur sinkt.

Zutaten
Scholle, Makrele, Brachse, Hecht, Zander zu je 300–400 g
Salzlake

Für das Räuchermehl:
Mischung aus Buchen- und Erlenmehl (1:1)
1 EL Kräuter nach Belieben
Etwas Öl zum Einfetten des Rosts

Hering mit Kräutern

Zutaten
Grüner Hering
Salz
Petersilie
Dill

Für das Räuchermehl:
Räuchermehl
Etwas Öl zum Einfetten des Rosts

Vorbereitungszeit 5 Stunden Räucherzeit 1 Stunde

1 Die Heringe ausnehmen, schuppen und gründlich waschen. Anschließend jeweils eine Handvoll Salz in die Fischbäuche geben und die Heringe auch von außen tüchtig einsalzen. Dann nebeneinander liegend 2 bis 3 Stunden ruhen lassen. Die Fische unter fließendem Wasser abspülen.

2 Die Heringe mit der Bauchseite auf den Räucherrost legen und dort einige Stunden an der Luft trocknen lassen.

3 Vor dem Räuchern die Kräuter waschen, trocken schleudern und mit den Stielen in den Bauch der Fische legen.

4 Die Heringe mit der Bauchseite nach oben auf den vorher eingeölten Rost legen und 60 Minuten bei 60 °C räuchern. So werden aus grünen Heringen Bücklinge.

Silbrige Heringe kommen nach dem Räuchern als goldene Bücklinge auf den Tisch.

Ein buntes Potpourri geräucherter Fischdelikatessen: Makrelen, Forellen, Bücklinge, Rollmöpse, Bundaale, Lachs und Schillerlocken.

Matjesfilets

Vorbereitungszeit 5 Stunden Räucherzeit 8 Minuten

1 Die Matjes werden mindestens 3 Stunden gewässert. Während dieser Zeit das Wasser mehrfach erneuern.

2 Die Fische abspülen, abtrocknen und an der Luft 1 bis 2 Stunden trocknen lassen.

3 Die Filets mit der Innenseite nach oben auf den eingeölten Rost legen und im auf 60 °C vorgeheizten Heißräuchergerät (dann ausschalten!) 5 bis 8 Minuten im Rauch liegen lassen. Danach herausnehmen und abkühlen lassen.

Zutaten
Matjesfilet

Für das Räuchermehl:
Mischung aus Buchen- und Wacholdermehl (2:1)
Etwas Öl zum Einfetten des Rosts

Lachs, Heilbutt, Rotbarsch, Kabeljau

Vorbereitungszeit 30 Minuten Räucherzeit 45 Minuten

1 Die Fischscheiben unter kaltem Wasser waschen und mit Küchenpapier trocken tupfen. Das Räuchermehl mit etwas frischem oder getrocknetem Thymian mischen. Den Rost mit Öl bestreichen und die Fischscheiben zum Räuchern darauflegen.

2 Die Fischscheiben im Heißräuchergerät bei etwa 60 °C 30 bis 45 Minuten lang räuchern, bis sie goldbraun sind.

Zutaten
Lachs, Heilbutt, Rotbarsch, Kabeljau

Für das Räuchermehl:
Buchenmehl
Thymian
Etwas Öl zum Einfetten des Rosts

Hätten Sie's gewusst?

Einige geräucherte Seefische haben lustige Namen, wie z. B. »Schillerlocken« – das sind enthäutete und in Streifen geschnittene Stücke vom Dornhai, weil sie angeblich an die Haarpracht des Dichters erinnern, oder »Bückling« – der geräucherte Hering –, der durch seine Krümmung an einen dienernden Beamten erinnern soll. Abgesehen davon gibt es auch irreführende Namen wie beispielsweise die geräucherten Rückenstücke des Dornhais, die als »Seeaal« oder »Meeraal« in den Handel kommen. Vom Heringshai stammt der »Kalbfisch«, der meistens in Scheiben angeboten wird. Die geräucherten knorpelfreien Teile des Grauhais heißen Speckfisch.

Karpfen

Zutaten
Karpfen
Salz
Salzlake
Pfeffer

Für das Räuchermehl:
Wacholdermehl
Thymian, Majoran oder Rosmarin nach Belieben
Etwas Öl zum Einfetten des Rosts

Vorbereitungszeit 14 Stunden *Räucherzeit* 1 Stunde

1 Den ausgenommenen Karpfen der Länge nach teilen, besonders große Fische werden in Querstücke geteilt.
2 Den Fisch außen mit Salz abreiben und unter fließendem kaltem Wasser gründlich abwaschen.
3 Die Fischteile 10 bis 12 Stunden in eine Salzlake legen. Nach dem Herausnehmen werden die Fischteile mit Küchenpapier abgetrocknet. Nun müssen sie noch einige Stunden an der Luft trocknen.
4 Die Innenseite der Fische vor dem Räuchern mit Salz und Pfeffer einreiben und mit der Hautseite auf den eingeölten Rost legen. Die Karpfen bei 90 °C 30 bis 60 Minuten garen. Bei 60 bis 80 °C 50 bis 60 Minuten räuchern.

Variante Auf die gleiche Weise können Sie auch Doraden, Rotbarben oder Schleien räuchern. Alle Fische werden ausgenommen. Kleinere Exemplare werden ganz belassen, größere Fische längs halbiert und an der Grät geräuchert. Die Räucherzeit beträgt je nach der Dicke der Fische oder Fischhälften 20 bis 60 Minuten.

Tipp Für die Salzlake müssen Sie 1 Liter Wasser mit 50 bis 80 Gramm Salz und mit beliebigen Gewürzen anreichern.

Aal

Vorbereitungszeit 9 Stunden Räucherzeit 2 Stunden

1 Die ausgenommenen Aale mit Salz abreiben, um sie gründlich von dem anhaftenden Schleim zu befreien.

2 Kalt abwaschen und für 6 bis 8 Stunden in eine Salzlake legen.

3 Die Aale aus der Lake nehmen, sorgfältig mit warmem Wasser abspülen, etwas pfeffern und nass in den auf 100 °C vorgeheizten Räucherofen hängen.

4 Bei etwa 90 °C werden die Aale zwischen 20 und 40 Minuten gegart. Der Deckel sollte dabei nicht ganz geschlossen sein.

5 Nun den Deckel schließen und die Aale 1½ bis 2 Stunden räuchern, bis sie goldgelb sind.

Zutaten

Aal
Salz
Salzlake (50 bis 80 g Salz auf 1 l Wasser)
Pfeffer

Für das Räuchermehl:
Mischung aus Buchen-, Erlen- und Wacholdermehl (2:1:1)

Für den Aal gilt eine eigene Räuchertechnik - das Heiß-Nass-Räuchern. Wer vorwiegend Aale räuchern will, sollte sich ein Räuchergerät anschaffen oder, wie auf Seite 31 ff. beschrieben, eines bauen, das es ermöglicht, Aale hängend zu räuchern.

Garnelen aus dem Wok

Zutaten
Garnelen

Für die Marinade:
Fein gehackte Ingwerwurzel
Sherry
Sojasauce
Wasser
Salz

Für das Räuchermehl:
Räuchermehl nach Wahl
50 g Reis
30 g Rohrzucker
7 TL schwarzer Tee
Alufolie
Etwas Öl zum Einfetten des Rosts

Vorbereitungszeit 2 Stunden Räucherzeit 30 Minuten

1 Die Zutaten für die Marinade in eine flache Schüssel geben und gut miteinander mischen.
2 Die Garnelen kalt abspülen, mit Küchenpapier trocken tupfen und 1 Stunde in einem geschlossenen Gefäß in die Marinade legen. Die Garnelen ab und zu wenden.
3 Den Wok mit Alufolie auskleiden, 1 Esslöffel Räuchermehl hineingeben und in dem geschlossenen Wok erhitzen. Wenn die Mischung zu duften beginnt, Reis, Zucker und den schwarzen Tee hinzufügen.
4 Garnelen auf dem eingeölten Rost über die Reismischung setzen und den Wok mit dem Deckel verschließen.
5 Die Hitze auf Stufe I zurückschalten und die Garnelen je nach Größe 20 bis 30 Minuten im Wok räuchern.

Tipps Garnelen, die Sie räuchern wollen, sollten nicht zu klein sein. Damit die Marinade besser eindringen kann, empfiehlt es sich, die Garnelen am Rücken einzuschneiden und den dunklen Darm herauszuziehen.
Sie können Garnelen auch im Heißräuchergerät räuchern. Wenn es schnell gehen soll, brechen Sie die Garnelen aus ihrem Panzer und entdarmen Sie sie. Anschließend gut mit Küchenpapier trocken tupfen und auf dem eingeölten Rost 8 bis 10 Minuten, je nach Größe, räuchern und sofort servieren.

Variante Probieren Sie auch einmal geräucherte Tintenfische. Die Kopffüßer müssen vollkommen geputzt und gesäubert sein. Ob Sie die Arme miträuchern, ist Geschmackssache. Die Tuben innen und außen mit Küchenpapier trocken reiben und auf den eingeölten Rost legen. Nach wenigen Minuten sind die Tintenfische geräuchert und schmecken warm aus dem Rauch besonders gut. Aber Sie können die geräucherten Tintenfische auch für einen Meeresfrüchtesalat verwenden. Bleiben einmal geräucherte Fische und Meeresfrüchte übrig, dann bereiten Sie sich daraus am nächsten Tag einen Meeresfrüchtesalat mit Pellkartoffeln, ein paar Zwiebelringen, Streifen von Salzgurken und kleinen Kapern zu. Ein leckeres Dressing mischen Sie sich aus Fischfond, Öl, Essig, Meerrettich und Kräutern.

So häuten Sie eine geräucherte Renke

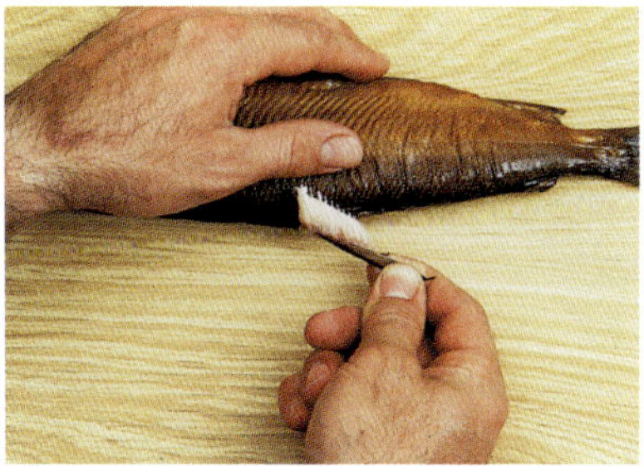

1 Für zahlreiche Gerichte brauchen Sie filetierte Räucherfische. Auch viele Ihrer Gäste haben lieber ein Filet statt eines ganzen Fisches auf dem Teller. Und so gehen Sie vor: Ziehen Sie zuerst die Rückenflosse heraus.

2 Dann schneiden Sie mit einem scharfen Messer vom Spalt der Rückenflosse die Haut zunächst in Richtung Kopf auf. Nun das Messer wieder am Spalt ansetzen und in Richtung Schwanz schneiden.

Die Renke – auch unter dem Namen Felchen oder Maräne bekannt – ist eine den Lachsfischen nahe verwandte Gattung und kommt vor allem in den sibirischen Strömen und in den Alpenseen vor.

3 Nachdem Sie den geräucherten Fisch am Rücken aufgeschnitten haben, werden Brust- und Bauchflosse herausgezogen.

4 Die Haut direkt hinter dem Kopf fassen und nach hinten abziehen. Eventuell mit einem kleinen Messer nachhelfen.

Zum Räuchern geeignete Fische

Die gebräuchlichsten Räucherfischsorten sind Aal, Hering, Makrele, Heilbutt- und Kabeljaustücke und natürlich der Lachs. Aber auch Karpfen, Forelle, Scholle und Seezunge sind geräuchert eine Delikatesse.

So filetieren Sie eine Renke

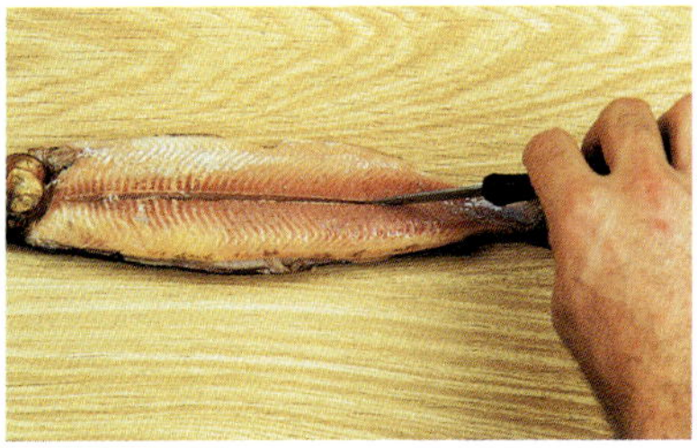

1 Das Filet entlang der deutlich sichtbaren Mittellinie mit einem Messer einschneiden.

2 Das Rückenteil des Filets vorsichtig mit dem Messer leicht schräg nach hinten schieben.

Filetieren Sie den Fisch, wenn er noch nicht völlig erkaltet ist. Ist der Fisch kalt und abgetrocknet, lassen sich die Gräten wesentlich schwerer entfernen.

3 Das erste Filetstück vollständig von den Rippen lösen. Eventuelle Gräten mit einer Pinzette herausziehen, das fertige Filet separat legen.

4 Das Bauchteil des Filets vorsichtig mit dem Messer von den Rippen lösen, ohne dass Gräten im Filet hängen bleiben.

5 Damit Sie jetzt auch die anderen Filets vom Skelett lösen können, müssen Sie das Filet der unteren Körperseite unmittelbar hinter dem Kopf mit dem Messer festhalten.

6 Kopf fassen und mit dem Skelett nach hinten abziehen. Wo nötig, mit dem Messer nachhelfen. Das Filet umdrehen. Die Haut am Kopfende fassen und nach hinten abziehen.

So filetieren Sie Räucheraal

Ganzer Aal

1 Mit einem scharfen Messer das Fleisch hinter den Brustflossen bis auf das Rückgrat einschneiden.

2 Dann das Messer über dem Rückgrat bis zum Schwanzende langsam entlangführen.

3 Die Rippen vorsichtig mit dem Messer abtrennen.

4 Die beiden Filets jetzt mithilfe eines Teelöffels am Schwanzende beginnend aus der Haut lösen.

Aalstücke

1 Um die Filets abzutrennen, führen Sie genau in der Rückenmitte einen Schnitt ...

2 ... und trennen das rechte und das linke Filetstück vom Rückgrat.

3 Die Filetstücke mit einer Gabel festhalten und die Rippen mit einem scharfen Messer abtrennen. Dann das Filet mit einem Teelöffel aus der Haut herauslösen.

Bis der Aal in unseren Flüssen zum begehrten Speisefisch geworden ist, hat er bereits eine lange Reise (etwa drei Jahre!) von seinem Geburtsort, den Laichplätzen der Aale in der Sargassosee, durch den Atlantik bis in die europäischen Flüsse hinter sich gebracht.

Fleisch und Wild räuchern

Große Schinken liegen wochenlang im kalten Rauch. Damit der Schinken zur Delikatesse wird, braucht es einige Räuchererfahrung. Hobbyräucherer räuchern besser ein kleineres Stück Fleisch. Vor dem Räuchern sollten Fleisch und Wild möglichst einige Stunden bis mehrere Tage oder Wochen, je nach Gewicht des Räucherguts, trocken- oder nassgesalzen werden. Je niedriger die Temperatur beim Pökeln ist, desto länger dauert dieser Vorgang. Das Pökeln erhöht die Haltbarkeit und sorgt für einen richtig guten Geschmack. Sie können Fleisch und Wild auch gut abgetrocknet garen und anschließend kurz räuchern, um es danach zu braten, zu schmoren oder zu kochen. Gewürzt wird erst später. Ein rund zwei Kilogramm schweres Stück Fleisch wird über Nacht oder länger trocken- oder nassgesalzen, einige Stunden in wechselndem Wasser entsalzt und dann bei 110 bis 130 °C 2 bis 2,5 Stunden geräuchert. Bei kleineren Stücken kann die Temperatur reduziert werden.

Schinken- und Wurstspezialitäten – fast jeder Landstrich hat seine eigenen und gut gehüteten Geheimrezepte entwickelt.

Räucherrichtzeiten für Fleisch im Heißräuchergerät

Fleischart	Räucherrichtzeit in Minuten
Schweinekotelett, Schweinenacken und Schweineschnitzel	20–30
Kotelettbraten	90–120
Bratwurst	10–20
Steak	10–15
Lammkotelett	15–20
Lammschulter	90–120
Ochsenschwanz	30–60
Rinderbrust, Rinderschulter	90–120
Ochsenbeinscheibe	60–90
Reh- und Hirschfilet	40

Schweineschnitzel

Vorbereitungszeit 1 Stunde Räucherzeit 30 Minuten

Zutaten
- Schweineschnitzel
- Salz
- Pfeffer

Für das Räuchermehl:
Eschenmehl

1 Schnitzel abwaschen, trocken tupfen und etwa 1 Stunde an der Luft trocknen.
2 Die Schnitzel mit Salz und Pfeffer einreiben.
3 Die gewürzten Schnitzel auf Haken spießen, in die Räuchertonne hängen und bei 60 bis 80 °C für 20 bis 25 Minuten räuchern.

Tipp Wählen Sie zum Räuchern möglichst nicht so große und dünne Schnitzel.

Variante Schweineschnitzel lassen sich auch gut im Heißräuchergerät auf einem Rost räuchern. Dafür die gut abgetrockneten Schnitzel beidseitig mit einer Kräutermischung aus gehackten frischen Rosmarinnadeln und zerkleinerten frischen Thymianblättchen (es können aber auch getrocknete Kräuter genommen werden) einreiben. Auch zermörserte Wacholderbeeren sind als Würzung gut geeignet.

Schweinekotelett, Schweinenacken

Zutaten
Für 4 Koteletts
Schweinekoteletts oder Nackenkoteletts zu je 150 g

Für die Marinade:
- 2 EL Sherryessig
- 3 EL Olivenöl
- 1 TL Honig
- 1 Stück frischer Ingwer
- 2 geschälte Knoblauchzehen

Für das Räuchermehl:
- Buchenmehl
- Zimtstangen
- Zerdrückte Wacholderbeeren oder Koriander
- Salz
- Pfeffer
- Etwas Öl zum Einfetten des Rosts

Vorbereitungszeit 3 Stunden Räucherzeit 30 Minuten

1 Das Fleisch abwaschen und mit Küchenpapier trocken tupfen.
2 Essig, Öl und Honig mit dem sehr fein gewürfelten Ingwer mischen.
3 Koteletts mit je einer geschälten und halbierten Knoblauchzehe einreiben. Danach großzügig mit der Marinade bestreichen, aufeinanderlegen, in Folie wickeln und mindestens 2 Stunden im Kühlschrank marinieren lassen.
4 Die Koteletts gründlich abtupfen und einige Stunden beidseitig an der Luft nachtrocknen lassen.
5 Das Räuchermehl mit den getrockneten Gewürzen sorgfältig mischen.
6 Die Koteletts auf den eingeölten Rost legen und im Heißräucherofen bei 60 bis 80 °C ungefähr 20 bis 30 Minuten räuchern.
7 Die geräucherten Koteletts mit Salz und Pfeffer bestreuen.

Bei solch einem Vorrat im Rauchfang kann einem vor dem Winter nicht bange werden.

Schweinebauch

Vorbereitungszeit 14 Stunden Räucherzeit 2 Stunden

1 Den Schweinebauch in nicht zu dicke Scheiben schneiden.
2 Die Scheiben mit der Lake bedecken und über Nacht gut gekühlt in einem geschlossenen Gefäß durchziehen lassen.
3 Das Fleisch abwaschen und vor dem Räuchern gut trocknen.
4 Die Schweinebauchstücke an Haken aufhängen und bei 60 °C zwischen 1 und 2 Stunden goldgelb räuchern.

Zutaten
Schweinebauch

Für die Lake je kg Fleisch:
2 l Wasser, 50 g Salz
1/2 TL Pfeffer
50 g Zucker
10 Wacholderbeeren

Für das Räuchermehl:
Buchenmehl

Kotelettbraten

Vorbereitungszeit 2 Stunden Räucherzeit 2 Stunden

1 Den Kotelettbraten ohne Knochen trockensalzen, abwaschen, trocknen und etwa 2 Stunden, am besten hängend, trocknen lassen. Den Kotelettbraten aber nicht in der Sonne oder an einem Heizkörper trocknen lassen.
2 Im Heißräucherofen Räuchermehl und Gewürze zum Glimmen bringen.
3 Das gut abgetrocknete Fleisch auf den eingeölten Rost legen und bei 80 °C rund 90 bis 120 Minuten lang räuchern lassen.

Zutaten
2 kg Kotelettbraten
Salz

Für das Räuchermehl:
Buchenmehl
Zimtstangen
Koriandersamen
Etwas Öl zum Einfetten des Rosts

Bratwürste

Zutaten
Frische Bratwürste

Für das Räuchermehl:
Buchenmehl
Thymian oder Rosmarin
Etwas Öl zum Einfetten des Rosts

Vorbereitungszeit 30 Minuten Räucherzeit 20 Minuten

1 Die trockenen Bratwürste auf den eingeölten Rost des Räuchergeräts legen.

2 Das Räuchermehl mit Ihren Lieblingskräutern mischen. Die gut abgetrockneten Bratwürste bei 60 bis 80 °C 10 bis 20 Minuten räuchern. Sie können die geräucherten Bratwürste sofort servieren oder nach dem Abkühlen braten.

Ochsenschwanz

Zutaten
Ochsenschwanz, in Stücke gehackt

Für das Räuchermehl:
Buchenmehl
Lorbeer
Etwas Öl zum Einfetten des Rosts

Vorbereitungszeit 2 Stunden Räucherzeit 30 Minuten

1 Ochsenschwanz kalt abwaschen und das Fett abschneiden.

2 Trocken tupfen und mindestens 2 Stunden an der Luft nachtrocknen lassen. Mehl und Gewürze mischen.

3 Den Ochsenschwanz auf den gut eingeölten Rost legen und bei 80 bis 100 °C für 60 Minuten im Rauch »angaren«.

4 Da er jetzt noch nicht gar ist und sofort weiterverwendet werden muss, können Sie ihn beispielsweise schmoren oder als Eintopf mit verschiedenen Gemüsesorten kochen.

Rinderbrust und Rinderschulter

Zutaten
1 kg Rindfleisch

Für das Räuchermehl:
Buchenmehl
1 EL Thymian
1 EL Rosmarin
Etwas Öl zum Einfetten des Rosts

Vorbereitungszeit 2 Stunden Räucherzeit 2 Stunden

1 Das Fleisch kalt abwaschen, trocken tupfen und etwa 2 Stunden an der Luft nachtrocknen lassen.

2 Das trockene Rindfleisch im Heißräuchergerät bei 80 bis 100 °C 60 Minuten räuchern.

3 Das geräucherte Rindfleisch können Sie in Salzwasser oder Fleischbrühe gut 1 Stunde kochen oder schmoren und mit Meerrettichsauce und Salzkartoffeln servieren.

Ochsenbeinscheiben

Vorbereitungszeit 2 Stunden *Räucherzeit* 90 Minuten

Zutaten
Ochsenbeinstücke zu je 400–500 g

Für das Räuchermehl:
Buchenmehl
Wacholderbeeren
Lorbeerblätter
Etwas Öl zum Einfetten des Rosts

1 Das Fleisch kalt abwaschen, trocken tupfen und an der Luft etwa 2 Stunden nachtrocknen lassen.

2 Das Fleisch im Räuchergerät aufhängen oder auf einen eingeölten Rost legen.

3 Dem glimmenden Buchenmehl die Gewürze zufügen. Sie können dem Räuchermehl auch getrocknete oder frische Stängel von Rosmarin oder Thymian beigeben.

4 Das Fleisch bei 100 °C für 60 bis 90 Minuten im Rauch angaren. Während dieser Zeit färbt sich das Beinfleisch dunkelrot und erhält den sehr typischen, delikaten Rauchgeschmack.

5 Danach können Sie das noch nicht gare Fleisch zu Tellerfleisch (Zubereitung wie Tafelspitz) weiterverarbeiten oder im Backofen mit verschiedenen Gemüsesorten schmoren.

Mariniertes Lammkotelett aus dem Wok

Zutaten
Lammkotelett
Knoblauchzehen
Olivenöl
Rosmarin

Für das Räuchermehl:
Buchenmehl
1 EL Rosmarin
Alufolie
Etwas Öl zum Einfetten des Rosts

Vorbereitungszeit 3 Stunden Räucherzeit 20 Minuten

1 Die Koteletts kalt waschen, mit Küchenpapier abtrocknen und die Fettränder einschneiden.
2 Die geschälten Knoblauchzehen durchdrücken, mit Olivenöl und Rosmarin mischen und die Koteletts damit einreiben.
3 Die Koteletts aufeinanderlegen, in Folie einwickeln und mindestens 2 Stunden im Kühlschrank marinieren.
4 Einen Wok mit Alufolie auskleiden. Im geschlossenen Topf 2 bis 3 Esslöffel Räuchermehl erhitzen, bis es recht angenehm zu duften beginnt.
5 Dann 1 Esslöffel Rosmarin zufügen. Nun den Rost einölen, die Koteletts darauflegen und den Rost über das Räuchermehl stellen.
6 Den Wok gut verschließen und die Lammkoteletts 15 bis 20 Minuten bei mittlerer Hitze räuchern.

Variante Nehmen Sie anstelle der Lammkoteletts Lammschulter. Die Räucherzeit verlängert sich dann auf rund 90 bis 120 Minuten.

Wacholdergeräucherter Schinken braucht zwar seine Zeit - ist aber eine unübertreffliche Delikatesse.

Kaltgeräucherter Wacholderschinken

Vorbereitungszeit 4 Wochen Räucherzeit 4 Wochen

Zutaten
Schweinefleisch nach Wahl
1 Knoblauchzehe

Für die Lake je 1 kg Fleisch:
100 g Pökelsalz
10 g Zucker
10 g zerdrückte Wacholderbeeren

Für das Räuchermehl:
Wacholderräuchermehl

1. Das gewaschene und abgetrocknete Fleisch mit der Knoblauchzehe einreiben.
2 Das Pökelsalz mit Zucker, zerdrückten Wacholderbeeren und Wasser mischen. In dieser Lake das Fleisch je nach Fleischdicke 2 bis 8 Tage einlegen. Herausnehmen und mehrere Stunden oder über Nacht in frischem Wasser entsalzen. Das Wasser öfter wechseln. Das Fleisch anschließend an der Luft mehrere Stunden gut abtrocknen lassen.
3 Das Fleisch kommt nun für 1 bis 3 Wochen in den kalten Rauch mit dem glimmenden Wacholderräuchermehl. Die Temperatur darf 28 °C nicht übersteigen. Das Fleisch mehrmals aus dem Rauch nehmen und 1 Tag im Kühlen ruhen lassen. Den Schinken vor dem ersten Anschnitt 14 Tage kühl hängen (kein Kühlschrank).

Reh- oder Hirschfilet

Vorbereitungszeit 1 Stunde Räucherzeit 40 Minuten

Zutaten
Wildfilet

Für das Räuchermehl:
Buchen- und Wacholdermehl (1:2)
Wacholderbeeren

1 Die Filets waschen, trocken tupfen und an der Luft etwa 1 Stunde hängend trocknen lassen. Räuchermehl und Wacholder mischen.
2 Die Wildfilets bei 60 bis 80 °C 30 bis 40 Minuten räuchern. Frisch aus dem Rauch schmecken sie am besten.

Geflügel räuchern

Hühnchen und Pute, Ente und Gans schmecken frisch aus dem Rauch noch einmal gut so. Geflügelteile können Sie trocken- bzw. nasssalzen oder auch über Nacht oder einige Stunden marinieren. Beginnen Sie zuerst mit kleineren Teilstücken von Ihrem Lieblingsgeflügel. Wenn Ihnen danach das Geräucherte gut schmeckt, versuchen Sie Geflügel im Ganzen zu räuchern. Die Temperatur darf dabei aber nicht zu hoch sein. Zum Garen kann die Temperatur einige Minuten 110 °C erreichen. Beim Räuchern sollte die Temperatur bei Teilstücken bei 80 bis 90 °C, bei ganzem Geflügel wie Ente und Gans bei 110 bis 130 °C liegen.

In solch großen Räucherschränken lassen sich gleich mehrere Roste mit Putenbrustfilets in einem Räuchergang räuchern.

Räucherrichtzeiten für Geflügel im Heißräuchergerät

Fleischart	Räucherrichtzeit in Minuten
Hähnchenbrust und Hähnchenkeule	25–30
Ganze Ente	60–90
Entenbrust und Entenkeule	30–35
Putenbrust und Putenkeule	45–60
Putensteak	25–30
Ganze Gans	90–120
Gänsebrust und Gänsekeule	60–90

Hähnchenbrust, Hähnchenteile

Vorbereitungszeit 6 Stunden Räucherzeit 30 Minuten

Zutaten
Hähnchenteile
a) mediterran
b) asiatisch

Für die Marinade:
a) Olivenöl
Zitrone
Knoblauch
Thymian
Basilikum
b) Sojasauce
Sonnenblumenöl
Reiswein
Sternanis

Für das Räuchermehl:
Buchen- oder Eschenmehl
a) Kräuter der Provençe

1 Die Hähnchenteile gründlich waschen und gut mit Küchenpapier abtrocknen.
2 Für die Marinaden die aufgeführten Zutaten mischen und die Hähnchenteile in einem geschlossenen Gefäß im Kühlschrank mindestens 6 Stunden in der Marinade durchziehen lassen.
3 Das Geflügel abwaschen, mit Küchenpapier trocken tupfen und hängend trocknen lassen.
4 Für die mediterranen Geflügelteile das Räuchermehl mit den Kräutern mischen. Für asiatisches Geflügel ungewürztes Räuchermehl oder zum Würzen des Räuchermehls Zitronengras, getrockneten Ingwer, Zimtstangen und Korianderkörner verwenden.
5 Das Geflügel bei 80 bis 90 °C etwa 30 Minuten räuchern.

Variante Räuchern Sie auch einmal ganze Wachteln. Sie bekommen die Vögel beim Geflügelhändler oder auf dem Wochenmarkt. Die Wachteln werden innen und außen gewaschen und mit Küchenpapier abgetrocknet. Füllen Sie die Wacheln mit Rosmarin, Thymian oder etwas Zitronenschale. Die Wachteln bei 80 bis 90 °C 20 bis 30 Minuten räuchern.

Zutaten
Putenfleisch

Für die Marinade:
Honig
Sojasauce
Sherry
Sonnenblumenöl
Knoblauch
Salz, Pfeffer

Für das Räuchermehl:
Buchenmehl
Thymian
Rosmarin
Etwas Öl zum Einfetten des Rosts

Putenbrust und Putenkeulen

Vorbereitungszeit 2 Stunden Räucherzeit 1 Stunde

1 Die Putenstücke waschen und trocken tupfen.
2 Honig, Sojasauce, Sherry, Öl und Knoblauch verrühren, salzen und pfeffern und die Putenteile rundherum bestreichen.
3 Das gewürzte Geflügel in Klarsichtfolie wickeln und im Kühlschrank mindestens 2 Stunden durchziehen lassen.
4 Danach gut abtupfen und hängend trocknen lassen.
5 Die Geflügelteile mit der Hautseite nach unten auf den eingeölten Rost legen und bei 80 bis 90 °C 45 bis 60 Minuten räuchern.

Entenbrust aus dem Wok

Zutaten
2 Entenbrüste
Alufolie

Für das Räuchermehl:
Eschenmehl
2 TL Teeblätter
1 Zimtstange
Etwas Öl zum Einfetten des Rosts

Vorbereitungszeit 20 Minuten Räucherzeit 30 Minuten

1 Die Entenbrüste waschen und trocken tupfen.
2 Den Wok mit Alufolie auskleiden. 3 bis 4 Esslöffel Eschenmehl hineingeben, Teeblätter darüberstreuen und die halbierte Zimtstange zufügen.
3 Alles im geschlossenen Wok erhitzen, und wenn es duftet, die Entenbrüste auf den Gitterrost legen und bei geschlossenem Wok etwa 20 bis 30 Minuten räuchern.
4 Die Entenbrust in Scheiben schneiden und servieren.

Gepökelte Ente oder Gans

Vorbereitungszeit *8 Tage* *Räucherzeit* *2 Stunden*

1 Ente oder Gans innen und außen gründlich waschen und in ein tiefes Gefäß legen.

2 Möhren, Lauch, Sellerie und 2 Zwiebeln waschen, putzen, grob zerschneiden und hinzufügen.

3 Eine ungeschälte Zwiebel in 3 bis 4 Ringe schneiden und auf der heißen Herdplatte (mit Alufolie darunter) rösten, bis die Schnittflächen fast schwarz sind.

4 Die Zwiebel mit Wacholder, Pfeffer und Lorbeer zur Ente oder Gans geben und alles völlig mit der Pökellake bedecken. Ente oder Gans 8 Tage gut gekühlt pökeln.

5 Das Geflügel abwaschen, trocken reiben und hängend mit der Öffnung nach unten 3 Stunden trocknen lassen.

6 Das Buchenmehl mit den Gewürzen mischen und mit Alufolie abdecken. Das Geflügel auf den eingeölten Rost legen. Die Ente bei 80 bis 100 °C 60 bis 90 Minuten, die Gans 90 bis 120 Minuten räuchern.

Zutaten

1 Ente oder 1 kleine Gans zu etwa 2½ kg

Für die Lake:

- 2 Möhren
- 1 Stange Lauch
- 2 Stangen Sellerie mit Grün
- 3 Zwiebeln
- 5 Wacholderbeeren
- 10 Körner weißer Pfeffer
- 1 Lorbeerblatt
- Pökelsalz (100 Gramm pro Liter Wasser)

Für das Räuchermehl:

- Buchenmehl
- 1 EL schwarzer Tee
- Zimtstangen
- Wacholderbeeren oder Rosmarin und Thymian
- Alufolie
- Etwas Öl zum Einfetten des Rosts

So ein wuchtiger Schinken muss viele Wochen im kalten Rauch verbringen, bevor er fein aufgeschnitten auf den Teller kommt.

Kleine Räucherspezialitäten

Nicht nur Fisch, Fleisch und Geflügel sind geräuchert ein besonderer Genuss. Auch der Geschmack von Nüssen, Eiern und Käse lässt sich auf diese Weise wunderbar verfeinern. Hier einige Schmankerl, die sich leicht herstellen lassen und sich - schön verpackt - gut als Mitbringsel zur Party oder zum Picknick eignen.

Räucherkäse aus dem Kaltrauch

Vorbereitungszeit 15 Minuten Räucherzeit 12 Stunden

Zutaten
- Gouda
- Edamer
- Emmentaler
- Appenzeller
- Mozzarella
- Feta
- Frische oder getrocknete Kräuter wie Rosmarin, Thymian
- Paprikapulver
- Cayennepfeffer

1 Den Käse in gut 2 Zentimeter dicke Scheiben schneiden und entrinden. Mozzarella ganz lassen. Feta und Mozzarella zwischen mehreren Lagen Küchenpapier behutsam ausdrücken, damit der Käse nicht zu viel Feuchtigkeit enthält.

2 Die Käsescheiben natur belassen oder nach Belieben mit einer Kräutersorte oder -mischung und mit Paprikapulver oder Cayennepfeffer beidseitig einreiben.

3 Den Rost mit Alufolie abdecken und die Käsescheiben daraufsetzen. Den Käse bei weniger als 30 °C 10 bis 12 Stunden im kalten Rauch belassen.

Tipp Geräucherter Käse schmeckt lauwarm am besten - zu knusprigem Brot oder heißen Pellkartoffeln. Probieren Sie doch einmal einen Toast Hawaii mit geräuchertem Schinken und geräuchertem Emmentaler oder Gouda.

Räuchernüsse, Räuchermandeln

Vorbereitungszeit 15 Minuten Räucherzeit 3 Stunden

1 Die geschälten Nüsse (Walnüsse, Haselnüsse, Cashewkerne etc.) oder Mandeln auf einen Teller aus fester Alufolie legen und salzen. Auf den Rost stellen und für etwa 3 Stunden bei 60 bis 80 °C dem Rauch aussetzen.

2 Nüsse und Mandeln abkühlen lassen. Nach Belieben in Salz wälzen und kühl aufbewahren.

Räuchereier

Vorbereitungszeit 15 Minuten Räucherzeit 12 Minuten

Auch einfache Blut-, Leber- oder Brühwürste lassen sich durch kurzes Räuchern veredeln.

1 Eier hart kochen, abkühlen lassen und schälen.
2 Dann etwa 10 bis 12 Minuten auf dem eingeölten Rost im Rauch lassen.
3 Entweder sofort servieren oder hübsch verpackt verschenken.

Tipp Probieren Sie Kartoffelsalat mit Räucherei und Räucherfisch.

Räuchersalz

Vorbereitungszeit 5 Minuten Räucherzeit 30 Minuten

1 Salz in eine Aluschale füllen und auf dem Rost etwa 30 Minuten räuchern, bis es leicht bräunlich wird.
2 Anschließend mit grob gemahlenem, in einer Pfanne angeröstetem Pfeffer vermischen. Das Ergebnis ist ein besonders gutes Gewürz für gebratenes Fleisch oder deftige Eintöpfe.

Tipp Wählen Sie zum Räuchern auch einmal naturbelassenes grobes Meersalz.

Der aus Italien stammende Provolone ist eine wohlschmeckende Räucherspezialität.

Räucherkartoffeln

Vorbereitungszeit 15 Minuten
Räucherzeit 50 Minuten

1 Mehlige Kartoffeln gründlich unter kaltem Wasser abbürsten und mit Küchenpapier abtrocknen.
2 Dann auf den eingeölten Rost legen oder aufspießen und bei 100 °C 45 bis 50 Minuten räuchern.

Räucherfehler – und was Sie dagegen tun können

Situation	Mögliche Ursache	Hilfe
Zu wenig Rauch, das Räuchermehl brennt nicht richtig durch	▷ Zu geringe Sauerstoffzufuhr ▷ Räuchermehl nass oder feucht	▷ Für Belüftung sorgen ▷ Trockenes Räuchermehl verwenden
Zu viel Rauch, Räuchermehl brennt	▷ Sauerstoffzufuhr zu hoch ▷ Räuchermehl zu trocken	▷ Belüftung drosseln ▷ Räuchermehl anfeuchten
Räuchergut zu trocken	▷ Räuchertemperatur zu hoch	▷ Räucher- und/oder Gartemperaturen drosseln
Räuchergut schmeckt bitter	▷ Rindenanteil im Räuchermehl zu hoch ▷ Ablagerungen an den Wänden des Räucherofens	▷ Auf geringen Rindenanteil im Räuchermehl achten ▷ Alle 3 bis 4 Räuchergänge Ofenwände säubern
Räuchergut ist verbrannt	▷ Abtropfendes Fett konnte in die Glut geraten und ist verbrannt	▷ Auffangschale oder Alufolie über das Räuchermehl setzen
Räucherware schimmelt	▷ Nicht genügend gepökelt ▷ Fehler in der Wurstherstellung ▷ Nicht genügend geräuchert ▷ Zu geringe Belüftung während des Räucherns ▷ Räuchergut berührte sich oder den Räucherofen während des Räucherns	▷ Räucherware abwaschen und nachräuchern ▷ Abwaschen, nachräuchern und schnell verbrauchen ▷ Länger räuchern ▷ Für genügend Sauerstoff sorgen ▷ Auf genügend Abstand zwischen den Räucherstücken und zu Wänden, Decke und Boden des Ofens achten

Räucherfehler – und was Sie dagegen tun können

Situation	Mögliche Ursache	Hilfe
Räucherware schimmelt	▷ Bei Kochschinken: nicht genügend vorgegart	▷ Länger garen
	▷ Zu hohe Temperaturen beim Kalträuchern	▷ Räuchertemperaturen zwischen 15 und 25 °C nicht überschreiten
	▷ Räuchergut nicht genügend vorgetrocknet	▷ Darauf achten, dass das Räuchergut nur in absolut trockenem Zustand in den Räucherofen kommt; Ausnahmen: Heiß-Trocken-Räuchern von Weißfischen und Heiß-Nass-Räuchern von Aal, Aalmutter und Hornhecht
Räuchergut fleckig oder partiell nicht gar	▷ Räuchergut zu eng nebeneinander aufgehängt oder gelegt	▷ Beim Aufhängen bzw. Auflegen darauf achten, dass sich das Räuchergut nicht berührt; unter Umständen nachräuchern
Bei Würsten: verfärbt und fleckig	▷ Ausschwitzen von Fett und Wasser durch zu schnell zu hohe Räuchertemperaturen	▷ Räuchertemperaturen nicht über 45 °C wählen
Fleisch hat einen grauen Kern	▷ Nicht ausreichend lang gepökelt	▷ Pökelzeiten einhalten, Lakenkonzentration überprüfen
Fische fallen ab	▷ Fehler beim Aufhängen	▷ Haken überprüfen, in Haut und Fleisch stecken ▷ Schlingtechnik überprüfen
	▷ Gewicht der Fische zu hoch	▷ Kleinere Portionen aufhängen

Räucherfehler – und was Sie dagegen tun können

Situation	Mögliche Ursache	Hilfe
Fische fallen ab	▷ Fische zu trocken ▷ Zu schnelle Erwärmung des Ofens, die Fische werden breiig, fallen auseinander	▷ Temperatur beim Heiß--Trocken-Räuchern zunächst auf 60 bis 70 °C, bis die Fische trocken sind (Haut ledrig, Flossen werden weiß); erst dann bei etwa 90 °C garen
	▷ Fische waren tiefgefroren	▷ Tiefgefrorener Fisch ist deutlich weniger fest als frisch geschlachteter; beim Aufhängen entsprechend vorsichtig behandeln
Bauchlappen der Fische rollen sich nach innen	▷ Gartemperatur zu gering	▷ Gartemperatur erhöhen, damit die Fische auch im Bereich der dickeren Rückenmuskulatur gar werden
Haut am Rücken oder am Schwanz aufgeplatzt	▷ Gartemperatur zu hoch	▷ Gartemperatur drosseln
Bei Aalen: Fett flüssig und im Schwanzbereich angesammelt = Geleeschwanz	▷ Temperatur während der eigentlichen Räucherphase zu hoch	▷ Temperatur in der Räucherphase herunterfahren auf 50 bis 60 °C
Geräucherter Fisch lässt sich nicht entgräten bzw. enthäuten	▷ Gesamtgar- und -räucherzeit zu lang, dadurch ausgetrocknet	▷ Fische nie zu lange im Ofen lassen, Räuchertemperatur nicht zu hoch wählen
Geräucherter Fisch zerbröselt	▷ Solange geräucherte Fische nicht vollständig abgekühlt sind, sind sie weich und zerbrechen leicht	▷ Langsam abkühlen lassen, vorsichtig von Haken oder Stangen lösen, Fische nicht aufeinanderlegen
Geräucherter Fisch hat dunkle Flecken oder Streifen	▷ Ungenügend gesäubert, Reste von Blut und Schleim auf der Haut	▷ Schleim und Blutreste gründlich entfernen

Rezepte

Köstliches mit geräucherten Zutaten

Salate und Vorspeisen

Salat ist und bleibt ein absoluter Klassiker. Ganz gleich, ob mit frischem Grün, süßen Tomaten und saftigen Paprikaschoten oder mit gekochtem Gemüse, gegarten Hülsenfrüchten oder Kartoffeln. Salat schmeckt immer und eignet sich auch ganz hervorragend als Vorspeise. Wer ein aufwendiges Menü zu einem bestimmten Anlass servieren möchte, greift vielleicht gern auf eine ausgefallene Vorspeise zurück. Auf den folgenden Seiten machen wir Ihnen viele Vorschläge. Und hier findet jeder sein Lieblingsgericht - immer mit fein Geräuchertem.

Bohnen mit Schillerlocken

Vorbereitungszeit 12 Stunden Zubereitungszeit 20 Minuten
Kochzeit 1 Stunde 30 Minuten Zeit zum Durchziehen 30 Minuten

Zutaten
Für 8 Personen
- Je 100 g weiße, schwarze und Azukibohnen
- 1 Lorbeerblatt
- 2 EL gekörnte Brühe
- 500 g grüne Bohnen
- 2 rote Zwiebeln
- 2 weiße Zwiebeln
- 500 g grüne Paprikaschoten
- 500 g Schillerlocken

Für die Vinaigrette:
- 5 EL Sonnenblumenöl
- 6 EL Apfelessig
- 2 TL Paprikapulver
- 2 TL Kräuter der Provençe
- Salz, Pfeffer
- 3 EL gehackte Petersilie

1 Die Bohnenkerne über Nacht in Wasser quellen lassen. Abgießen und in 1 Liter frischem Wasser mit dem Lorbeerblatt und der gekörnten Brühe 1 Stunde kochen.
2 Die grünen Bohnen waschen und abtropfen lassen. Die Enden entfernen und die Bohnen in etwa 3 Zentimeter lange Stücke schneiden. Mit den Bohnenkernen weitere 30 Minuten köcheln. Danach alles in einem Sieb abtropfen lassen.
3 In der Zwischenzeit die Zwiebeln schälen und in feine Ringe schneiden. Die Paprika halbieren, Kerngehäuse entfernen, waschen und in schmale Streifen schneiden. Die Schillerlocken in dicke Stücke schneiden.
4 Aus Öl, Apfelessig, Paprikapulver, Kräutern, Salz und Pfeffer eine Vinaigrette rühren. Das vorbereitete Gemüse, die Bohnen und den Fisch in einer Schüssel mischen und mit der Vinaigrette beträufeln, mit Petersilie bestreuen und 30 Minuten durchziehen lassen.

Tipp Bohnenkerne gibt es in vielen Größen und Farben. Neben den roten Azukibohnen gibt es auch schwarze Bohnenkerne, Wachtelbohnen, hellgrüne Bohnenkerne und viele mehr. Bohnen immer über Nacht in reichlich kaltem Wasser einweichen. Am folgenden Tag das Einweichwasser weggießen und die Bohnen mit frischem Wasser oder mit Brühe weich kochen. Die Garzeit richtet sich nach dem Alter und der Beschaffenheit der Bohnen.

Räucheraal-Sülze

Zutaten
Für 4 Personen
700 g Räucheraal
250 g Salatgurke
1 Zitrone
200 g Cocktailtomaten
6 Blatt weiße Gelatine
400 ml Fischfond (Glas)
4 cl trockener Vermouth
Salz, Pfeffer
2 Zweige Dill
2 Zweige Petersilie

Zubereitungszeit 2 Stunden Zeit im Kühlschrank nach dem letzten Einschichten 2 Stunden

1 Den Aal häuten und von Gräten befreien. Die Filets in etwa 3 Zentimeter lange Stücke schneiden.
2 Die Salatgurke waschen, trocken reiben und in dünne Scheiben schneiden. Diese Scheiben vierteln. Die Zitrone so schälen, dass die weiße Schale mit entfernt wird. Dann die Filets vorsichtig aus den Häutchen lösen und mit einem scharfen Messer vierteln. Tomaten waschen und halbieren.
3 Die Gelatine in kaltem Wasser einweichen, ausdrücken und im Wasserbad auflösen. Mit 4 Esslöffeln Fischfond verrühren, dann den restlichen Fond und den Vermouth einrühren. Mit Salz und Pfeffer würzen.
4 Eine Kastenform kalt ausspülen, dann den Boden 0,5 Zentimeter hoch mit Fischfond bedecken und im Kühlschrank erstarren lassen.
5 Dillzweige und Petersilie waschen, trocken schütteln und grob hacken. Den erstarrten Fischfond aus dem Kühlschrank nehmen und etwas Dill und Petersilie darüberstreuen. Mit etwas Fond beträufeln und wieder im Kühlschrank fest werden lassen.
6 Nun die Hälfte von Aal, Gurke, Zitrone, Tomaten und Kräutern darauf verteilen. Wieder mit Fond bedecken und erkalten lassen. Schließlich die restlichen Zutaten einschichten und mit Fond bedecken. Im Kühlschrank wieder fest werden lassen. Vor dem Servieren die Form kurz in warmes Wasser tauchen, stürzen und in Scheiben schneiden.

Tipp Die Räucheraal-Sülze ist ein sehr dekoratives Gericht und eignet sich deshalb gut für ein Party-Büffet.

Lachs auf Blumenkohl

Zubereitungszeit *25 Minuten*

1 Den Blumenkohl putzen, waschen und trocken tupfen. In Röschen zerteilen und diese in Scheiben schneiden.
2 Salzwasser mit dem Zitronensaft zum Kochen bringen und den Blumenkohl 5 Minuten blanchieren, kalt abschrecken und abtropfen lassen.
3 Schnittlauch waschen, trocken schütteln und in feine Röllchen schneiden. Essig, Öl, Senf, Piment und Koriander zu einer Vinaigrette verrühren und die Hälfte des Schnittlauchs unterrühren.
4 Den Salat waschen, in Blätter zerteilen, trocken schleudern und klein zupfen. Mit den Lachsscheiben und dem Blumenkohl auf Tellern anrichten und mit der Vinaigrette beträufeln. Zum Schluss mit Schnittlauchröllchen garnieren.

Tipp Verwenden Sie statt Blumenkohl Brokkoli oder den hellgrünen Romanesco und Endiviensalat.

Zutaten
Für 4 Personen
1 Blumenkohl
Salz
Saft einer Zitrone
1 Bund Schnittlauch
2 EL Weinessig
6 EL Maiskeimöl
¼ TL Senf
1 Prise gemahlener Piment
1 Prise gemahlener Koriander
½ Lollo Rosso
200 g Räucherlachs in Scheiben

Schillerlocken mit Birnen

Zutaten
Für 4 Personen

- 2 Chicorée
- 1 Bund Brunnenkresse
- 2 Frühlingszwiebeln
- 8 Cocktailtomaten
- 400 g Schillerlocken
- 2 Birnen
- 3 Zweige Majoran
- 30 g Walnusskerne

Für die Vinaigrette:

- 3 EL Weißweinessig
- 4 EL Weißwein
- 1 TL Senf
- 4 EL Traubenkernöl
- 1 EL Walnussöl
- Salz, Pfeffer

Zubereitungszeit *20 Minuten*

1 Den Chicorée waschen, trocken tupfen, halbieren und den harten Strunk keilförmig herausschneiden. Die Hälften des Chicorées quer in breite Streifen schneiden.

2 Brunnenkresse waschen und trocken schleudern. Die Frühlingszwiebeln ebenfalls waschen, trocken tupfen und die Enden entfernen. Die Zwiebeln in feine Ringe schneiden. Die Tomaten waschen und vierteln.

3 Die Schillerlocken in feine Scheiben schneiden. Die gewaschenen Birnen trocken reiben, schälen, vierteln und das Kerngehäuse entfernen. Jede Birne längs in feine Scheiben schneiden.

4 Die Majoranzweige waschen, trocken schütteln und die Blättchen abzupfen. Die Walnüsse mittelgrob hacken.

5 Chicorée, Brunnenkresse, Schillerlocken, Birnen, Zwiebeln und Tomaten auf Tellern verteilen und mit dem Majoran sowie den Nüssen bestreuen. Aus Essig, Weißwein, Senf, Traubenkernöl, Walnussöl, Salz und Pfeffer eine Vinaigrette rühren und darüberträufeln.

Forellenmousse auf Salat

Zubereitungszeit 35 Minuten *Zeit im Gefrierfach* 15 Minuten

Zutaten
Für 4 Personen
500 g geräuchertes Forellenfilet mit Haut
1 Eigelb
100 g Mascarpone
Salz, Pfeffer
1 Prise Cayennepfeffer
Zitronensaft
1 Bund Dill
1 Eiweiß
1 Lollo Rosso
2 EL Sherryessig
3 EL Sonnenblumenöl

1 Vom Forellenfilet Haut und Gräten entfernen. Die Filets in Stücke teilen und mit Eigelb und Mascarpone im Mixer pürieren. Mit Salz, Pfeffer, Cayennepfeffer kräftig würzen und mit etwas Zitronensaft pikant abschmecken.

2 Den Dill abbrausen, trocken tupfen und fein hacken. Das Eiweiß zu steifem Schnee schlagen und mit dem Dill unter das Forellenpüree mischen. Für 15 Minuten ins Gefrierfach stellen.

3 Inzwischen den Lollo Rosso putzen, waschen und trocken schleudern. Den Sherryessig mit Salz verrühren, Pfeffer zufügen und das Öl dazulaufen lassen. Dabei kräftig mit dem Schneebesen schlagen, bis ein cremiges Dressing entstanden ist. Den Lollo Rosso darin wenden und auf 4 Tellern verteilen.

4 Zwei Esslöffel in Wasser tauchen, von der Forellenmousse pro Portion zwei Nocken abstechen und neben den Salat setzen.

Räucherforelle auf Früchten

Zubereitungszeit 25 Minuten

Zutaten
Für 4 Personen
50 g Haselnussblättchen
2 Orangen
1 Banane
1 Apfel
100 g grüne kernlose Trauben
100 g Joghurt
Saft von ½ Orange
Salz, Zucker
1 Prise weißer Pfeffer
4 geräucherte Forellenfilets

1 Die Haselnussblättchen in einer beschichteten Pfanne goldgelb rösten. Die Orangen wie einen Apfel schälen, dabei die weiße Haut mit entfernen. Dann die Orangenfilets mit einem scharfen Messer aus den feinen Häutchen lösen und in kleine Stücke schneiden.

2 Die Banane schälen und in Scheiben schneiden. Den Apfel waschen, trocken tupfen und achteln. Kerngehäuse entfernen und die Achtel in Streifen schneiden. Die Weintrauben putzen, waschen und halbieren.

3 Den Joghurt und Orangensaft verrühren, mit Salz, Zucker und Pfeffer pikant abschmecken und vorsichtig unter die zerkleinerten Früchte heben.

4 Die Forellenfilets von eventuellen Gräten und der Haut befreien und auf Tellern verteilen. Den angemachten Fruchtsalat dazugeben und mit den gerösteten Haselnussblättchen bestreuen.

Lachscreme mit Wasabi

Zutaten
Für 8 Personen

- 3 Blatt weiße Gelatine
- 200 g Räucherlachs in Scheiben
- 250 g Schlagsahne
- 3 Körner schwarzer Pfeffer
- 1 TL Sherryessig
- Salz
- 3 TL Wasabipulver
- 150 g Seidentofu (cremiger Tofu; Reformhaus)
- 1 EL Limettensaft
- Weißer Pfeffer

Zubereitungszeit *1 Stunde* *Zeit zum Kühlen* *5 Stunden*

1 Gelatine in kaltem Wasser einweichen. Lachs klein schneiden und in einen Topf geben. Mit 125 Gramm Sahne, 75 Millilitern Wasser und zerdrückten schwarzen Pfefferkörnern aufkochen. Bei milder Hitze 10 Minuten ziehen lassen. Mit einem Schneidstab fein pürieren und durch ein sehr feines Sieb in einen zweiten Topf geben, dabei den Lachs so kräftig wie möglich ausdrücken. Flüssigkeit nochmals kurz erhitzen und mit Essig und etwas Salz würzen.

2 Gelatine ausdrücken und in der heißen Flüssigkeit auflösen. In eine Schüssel geben und kalt stellen. Wenn die Flüssigkeit leicht geliert, mit einem Schneebesen einmal kräftig durchrühren. Restliche Sahne steif schlagen und unter die Lachsmasse heben. Sofort in kleine Gläser füllen und nochmals mindestens 4 Stunden kalt stellen.

3 1 Teelöffel Wasabipulver, Tofu, Limettensaft und etwas Salz und Pfeffer glatt pürieren. Restliches Wasabipulver mit wenig Wasser zu einer geschmeidigen Paste verrühren und zu 8 kleinen Kugeln drehen. Die Wasabikugeln auf das feste Parfait setzen und mit der Wasabicreme servieren.

Nocken von geräuchertem Stör auf Salat

Zubereitungszeit 25 Minuten *Zeit zum Kühlen* 45 Minuten

1 Den Stör mit der Crème fraîche pürieren. Mit Salz und Pfeffer abschmecken, den Dill fein hacken und mit dem Kaviar untermischen.
2 Die Sahne steif schlagen und unterheben. Die Masse in den Kühlschrank stellen.
3 Den Salat waschen, trocken schleudern und zerkleinern.
4 Aus Essig, Öl, Salz und Pfeffer eine Vinaigrette anrühren, über den Salat träufeln und auf Tellern dekorativ anrichten.
5 Mit zwei feuchten Esslöffeln gleichmäßig große Nocken von der Fischmousse abstechen und auf den Salat setzen. Mit Dillspitzen garnieren.

Zutaten
Für 4 Personen
250 g geräucherter Stör
50 g Crème fraîche
Salz, Pfeffer
2 Zweige Dill
50 g Forellenkaviar
100 g Schlagsahne
½ Kopf Endiviensalat

Für die Vinaigrette:
2 EL Weißweinessig
4 EL Walnussöl
4 Zweige Dill

Forellensalat mit Roter Bete

Zutaten
Für 4 Personen

- 4 geräucherte Forellenfilets
- 1 Kopfsalat
- 200 g Feldsalat
- 4 gekochte Rote Beten
- 3 EL Weißweinessig
- 4 EL Sonnenblumenöl
- Salz, Pfeffer
- 1 Bund Schnittlauch

Zubereitungszeit *15 Minuten*

1 Die Forellenfilets von eventuellen Gräten befreien und in mundgerechte Stücke schneiden.
2 Den Kopfsalat und den Feldsalat gründlich waschen und trocken schleudern. Den Kopfsalat in kleine Stücke zupfen.
3 Die geschälten Rote-Bete-Knollen in dünne Scheiben schneiden und fächerförmig auf 4 großen Tellern anrichten.
4 Aus Essig, Öl, Salz und Pfeffer eine Vinaigrette rühren und über den Salat träufeln. Schnittlauch in Röllchen schneiden und über den Salat streuen. Den Salat mit den zerkleinerten Forellenfilets über die Rote Bete geben.

Terrine von Lachs und Forelle ▷

Zutaten
Für 4 Personen

- 4 Blatt weiße Gelatine
- 300 ml Fischfond (Glas)
- 200 g Räucherlachs
- 250 g Crème fraîche
- 200 g geräucherte Forellenfilets
- Salz, Pfeffer
- 50 g Forellenkaviar
- 2 Zweige Dill

Zubereitungszeit *30 Minuten* *Zeit im Kühlschrank* *4 bis 5 Stunden*

1 Die Gelatine in kaltem Wasser einweichen. Den Fischfond erhitzen. Gelatine gut ausdrücken, im Fischfond auflösen und etwas abkühlen lassen.
2 Die Hälfte davon in eine kalte Terrinenform mit gerundetem Boden von etwa 1 Liter Inhalt gießen und so lange schwenken, bis der gesamte Innenraum mit Gelee ausgekleidet ist und es haften bleibt. Im Kühlschrank kurz erstarren lassen.
3 Inzwischen den Räucherlachs klein schneiden und mit 100 Gramm Crème fraîche pürieren. Die Forellenfilets mit dem Rest Crème fraîche pürieren. Beide Pürees salzen und pfeffern.
4 Die Räucherlachsmasse auf das Gelee geben und glatt streichen. In die Mitte eine Rinne drücken, den Forellenkaviar hineingeben und mit der Forellenmousse auffüllen. Die Form leicht auf der Arbeitsplatte aufklopfen, damit keine Hohlräume entstehen. Mit der restlichen Geleeflüssigkeit abschließen und die Terrine für mindestens 4 Stunden kühlen.
5 Vor dem Servieren die Form kurz in warmes Wasser tauchen, stürzen, anschneiden und mit Dillzweigen dekorieren.

Salat mit geräucherter Entenbrust

Zutaten
Für 4 Personen
2 EL Pflanzenöl
1 große Entenbrust
2 EL Hoisinsauce
1 Handvoll gemischte Salatblätter
100 g Cocktailtomaten
100 g Linsen

Für die Vinaigrette:
1 EL Sojasauce
2 EL Aceto Balsamico
4 EL Olivenöl
Salz, Pfeffer

Zubereitungszeit *30 Minuten* *Kochzeit* *20 Minuten*
Zeit zum Durchziehen *10 Minuten*

1 Etwas Öl in einer Pfanne erhitzen und die geräucherte Entenbrust auf der Hautseite 5 Minuten bei starker Hitze anbraten. Wenden und zweite Seite 10 Minuten braten. Die Haut mit der Hoisinsauce bestreichen und 10 Minuten ruhen lassen.
2 Den Salat waschen und trocken schleudern. Die Tomaten waschen, trocken reiben und halbieren. Beides auf Tellern verteilen.
3 Die Linsen in reichlich kochendem Salzwasser in etwa 20 Minuten garen, abtropfen lassen und über dem Salat verteilen. Aus Sojasauce, Aceto Balsamico, Olivenöl, Salz und Pfeffer eine Vinaigrette rühren und über die lauwarmen Linsen geben.
4 Die Entenbrust in Scheiben schneiden und auf dem Linsensalat anrichten.

Tipp Zum Salat mit Entenbrust passt ein trockener französischer Rotwein und ein knuspriges Baguette mit gesalzener Butter.

Geräucherte Gänsebrust mit Vinaigrette

Zutaten
Für 4 Personen
Je 50 g Knollensellerie und Petersilienwurzel
Je 75 g Möhren und Lauch
2 EL Himbeeressig
1 EL Sherry
1 EL Orangensaft
4 EL Pflanzenöl
Salz, Pfeffer
200 g geräucherte Gänsebrust

Zubereitungszeit *30 Minuten* *Zeit zum Durchziehen* *10 Minuten*

1 Den Knollensellerie, die Petersilienwurzel und die Möhren waschen, schälen und sehr fein würfeln. Lauch putzen und waschen und ebenfalls sehr klein schneiden.
2 Aus Essig, Sherry, Orangensaft, Öl, Salz und Pfeffer eine Vinaigrette rühren und mit den Gemüsewürfeln mischen.
3 Die Gänsebrust in Scheiben schneiden und auf Tellern fächerförmig anrichten. Zum Schluss mit der Gemüse-Vinaigrette beträufeln und vor dem Servieren 10 Minuten durchziehen lassen.

Variante Diese Vorspeise mit dem raffinierten Geschmack ist besonders für Festtage geeignet. Statt der Gänsebrust können Sie auch geräucherte Enten- oder Hühnerbrust nehmen.

Geräucherte Hähnchenbrust auf Salat

Zubereitungszeit 30 Minuten

Zutaten
Für 4 Personen
- 4 EL Sonnenblumenöl
- 2 geräucherte Hähnchenbrustfilets
- 2 EL Hoisinsauce
- 200 g Shiitakepilze
- 3 Zweige Koriander
- 100 g Mungobohnensprossen
- 100 g Spinat
- 1 Radicchio

Für die Vinaigrette:
- 1 EL Sojasauce
- 2 EL Sherryessig
- 4 EL Erdnussöl
- Salz, Pfeffer

1 In einer Pfanne 2 Esslöffel Sonnenblumenöl erhitzen und die Filets in etwa 3 Minuten auf beiden Seiten braten. Aus der Pfanne nehmen und rundherum mit Hoisinsauce bestreichen.
2 Das restliche Sonnenblumenöl in der Pfanne erhitzen und die klein geschnittenen Pilze ohne Stiele etwa 10 Minuten braten. Abkühlen lassen und das gehackte Koriandergrün unterrühren.
3 Mungobohnensprossen, Spinat und Radicchio waschen und trocken schleudern. Den Spinat und den Radicchio in mundgerechte Stücke zupfen. Vorsichtig mit den Pilzen und den Sprossen mischen.
4 Aus Sojasauce, Essig, Öl, Salz und Pfeffer eine Vinaigrette rühren und über den Salat träufeln.
5 Die Hähnchenbrustfilets in Scheiben schneiden und auf dem Salat anrichten.

Variante Nehmen Sie anstelle der Hähnchenbrustfilets geräucherte Hähnchenkeulen.

Avocados mit Hähnchenbrust

Zutaten
Für 4 Personen
- 2 Avocados
- Saft von ½ Zitrone
- Salz, Pfeffer
- 250 g geräucherte Hähnchenbrust
- 75 g gegarte Garnelen
- 100 g Mayonnaise
- 1 TL Senf
- 2 TL geriebener Meerrettich
- 1 EL Tomatenketchup
- 1 EL geschlagene Sahne

Zubereitungszeit 15 Minuten

1 Die Avocados waschen, abtrocknen und der Länge nach halbieren. Die Kerne entfernen und das Fleisch an der Schnittfläche sowie in der Höhlung mit dem Zitronensaft beträufeln und mit Salz und Pfeffer würzen.

2 Die Hähnchenbrust in feine Streifen schneiden und mit dem Krabbenfleisch mischen, wobei einige Krabben als Garnitur zurückbleiben sollen.

3 Mayonnaise, Senf, Meerrettich, Tomatenketchup und Sahne verrühren. Mit Salz und Pfeffer pikant abschmecken.

4 Für die Füllung das Hähnchenfleisch und die Krabben mit der Sauce vermischen. Die Avocados mit der Masse füllen und den verbleibenden Rest um die Avocadohälften verteilen. Zuletzt mit einigen Krabben garnieren.

Tipp Wenn Sie Nordseekrabben bekommen können, greifen Sie zu, diese kleinen Krabben schmecken ganz besonders gut.

Feldsalat mit Schillerlocken

Zutaten
Für 4 Personen
- 1 EL Zitronensaft
- 4 EL Öl
- 1 EL Apfelessig
- Salz, Pfeffer
- 2 säuerliche Äpfel
- 200 g Feldsalat
- 2 Schillerlocken

Zubereitungszeit 15 Minuten

1 Aus Zitronensaft, 2 Esslöffeln Öl, Essig, Salz und Pfeffer eine Vinaigrette rühren.

2 Die Äpfel waschen, vierteln und die Kerngehäuse entfernen. Die Apfelviertel in sehr dünne Spalten teilen und in die angerührte Vinaigrette legen, damit sie nicht braun werden.

3 Den Feldsalat putzen, gründlich waschen und trocken schleudern. Auf Tellern anrichten.

4 Schillerlocken in 2 bis 3 Zentimeter lange Stücke schneiden und darauf verteilen und mit Pfeffer bestreuen. Die Apfelspalten aus der Vinaigrette nehmen und dazwischenlegen. Das Ganze mit der Vinaigrette und dem restlichen Öl beträufeln.

Variante Nehmen Sie statt der Äpfel reife Kakifrüchte oder eine reife Mango.

Geräucherte Putenbrust auf Salat

Zubereitungszeit 30 Minuten

1 Das Öl in einer Pfanne erhitzen und das Fleisch rundherum in 5 Minuten anbraten.

2 Den Salat waschen, putzen und trocken schleudern. Die Schalotten schälen und fein würfeln.

3 Möhren schälen, waschen und in feine Streifen schneiden. Oliven bei Bedarf entkernen.

4 Für die Vinaigrette Essig, Öl, Senf, Salz und Pfeffer verrühren und mit Salat, Oliven, Schalotten und Möhren vermengen.

5 Den angemachten Salat auf 4 Teller verteilen. Die geräucherte Putenbrust in dünne Scheiben schneiden und dekorativ auf dem Salat anrichten.

Zutaten

Für 4 Personen

2 EL Pflanzenöl
300 g Putenbrust
100 g Feldsalat
2 Schalotten
2 Möhren
50 g schwarze Oliven
3 EL Weißweinessig
5 EL Olivenöl
1 TL Senf
Salz, Pfeffer

Bunter Salat mit Forelle

Zutaten
Für 8 Personen
- 50 g Feldsalat
- ½ Lollo Rosso
- ½ Frisée-Salat
- 1 kleine rote Zwiebel
- 1 Tomate
- 50 g Räucherspeck
- 50 g Champignons
- 5 EL Öl
- Salz, Pfeffer
- 1 EL Thymian
- 6 EL Weißweinessig
- Senf
- 50 g Sonnenblumenkerne
- 4 geräucherte Forellenfilets

Zubereitungszeit 35 Minuten

1 Salate putzen, waschen. Große Blätter in Stücke zupfen und abtropfen lassen. Zwiebel abziehen, in Ringe schneiden. Tomate und Speck fein würfeln. Champignons putzen und in sehr dünne Scheiben schneiden.

2 Speck in 1 Esslöffel Öl ausbraten. Pilze und Tomaten zugeben, kurz mitbraten. Mit Salz, Pfeffer und Thymian würzen. Pilze, Speck und Tomaten aus der Pfanne heben. Restliches Öl, Essig, Senf, Salz und Pfeffer zu einem pikanten Dressing verrühren.

3 Sonnenblumenkerne in einer Pfanne ohne Fett anrösten. Salat mit Dressing, Zwiebeln, Pilzen, Tomate und Speck locker vermischen, mit Sonnenblumenkernen bestreuen und den geräucherten Forellenfilets belegen.

Rote-Bete-Salat mit Heilbutt ▷

Zutaten
Für 4 Personen
- 400 g Rote Bete
- 100 g Portulak
- 2 Lauchzwiebeln
- ½ Bio-Orange
- 2½ EL Feigen- oder Apfelessig
- 1 TL scharfer Senf
- Salz, Pfeffer
- 1 Prise Zucker
- 5 EL Rapsöl
- 4 geräucherte Heilbuttfilets

Zubereitungszeit 30 Minuten

1 Die Roten Beten unter fließendem Wasser abbürsten und in der Schale in kochendem Wasser je nach Größe in 40 bis 60 Minuten weich kochen. Abgießen und abkühlen lassen.

2 Inzwischen Portulak putzen, gründlich waschen und trocken schütteln. Lauchzwiebeln waschen, putzen und mit dem Grün fein hacken.

3 Orangenhälfte waschen, abtrocknen und die Schale fein abreiben. Orange dann schälen, die Filets mit einem scharfen Messer aus den Trennhäuten schneiden und fein würfeln. Rote Beten schälen und erst in Scheiben, dann in Streifen schneiden.

4 Essig mit Senf, Orangenschale, Salz, Pfeffer und Zucker gründlich verrühren. 5 Esslöffel Öl unterschlagen.

5 Portulak auf vier Teller verteilen. Rote Beten mit Lauchzwiebeln, Orangenwürfeln und der Salatsauce mischen und auf den Portulak geben. Jeweils 1 Heilbuttfilet auf den Salat setzen. Mit gebuttertem Toast servieren.

FRUITS DE MER
FRUITS DE MER

Kleine Zwischengerichte

Was tun, wenn der kleine Hunger kommt? Da braucht der Mensch eine kleine, feine Mahlzeit, die schnell zubereitet ist und obendrein gut schmeckt. Mit frisch Geräuchertem ist das kein Problem. Vor allen Dingen, wenn Sie geräucherten Fisch oder geräuchertes Fleisch eingefroren haben. Im Kälteschlaf hält es sich einige Wochen frisch, wenn es vakuumverpackt ist. Wichtig ist allerdings, dass die geräucherten Lebensmittel schnell eingefroren werden. So eine Zwischenmahlzeit ist auch angebracht, wenn Sie beispielsweise am Nachmittag oder Abend noch etwas Schönes vorhaben, vielleicht ein Kino, Theater oder gar ein großes Fest besuchen wollen, bei dem die Gäste mit einem ausgefallenen und köstlichen Büfett verwöhnt werden.

Geräucherte Makrele auf Linsen

Zutaten
Für 4 Personen

- 200 g Lauch
- 1 EL Öl
- 1 Dose Linsen (etwa 800 g)
- ⅛ l trockener Rotwein
- ⅛ l Geflügelfond (Glas)
- Salz, Pfeffer
- 1 EL Aceto Balsamico
- 3 EL saure Sahne
- 2 geräucherte Makrelen
- 1 Bund Schnittlauch

Zubereitungszeit 25 Minuten Kochzeit 25 Minuten

1 Den Lauch putzen, längs aufschlitzen und unter fließendem Wasser gründlich abspülen. Anschließend schräg in schmale Streifen schneiden. Das Öl in einem breiten Topf erhitzen und den Lauch darin 3 Minuten dünsten.

2 Die Linsen abtropfen lassen und zufügen. Den Rotwein und den Geflügelfond unterrühren. Aufkochen und 10 Minuten bei milder Hitze köcheln lassen. Mit Salz, Pfeffer und Balsamico kräftig abschmecken und zum Schluss die saure Sahne unterrühren.

3 Während die Linsen köcheln, die Makrelen häuten, dabei von Kopf und Schwanz befreien. Die Filets vorsichtig von den Gräten abheben. Die Linsen nochmals abschmecken und die Makrelenfilets darauflegen und im geschlossenen Topf für etwa 5 Minuten erwärmen. Nicht mehr kochen lassen, weil die saure Sahne sonst ausflockt.

4 Inzwischen den Schnittlauch abbrausen, trocken schütteln und in feine Röllchen schneiden. Die Linsen mit den geräucherten Makrelenfilets auf Tellern anrichten und mit den Schnittlauchröllchen bestreuen.

Tipp Servieren Sie zu diesem Gericht den gleichen im Rezept verwendeten Rotwein und ein paar Scheiben Bauernbrot.

Entenbrust auf Gemüse

Zubereitungszeit 30 Minuten

1 Vom Lauch die äußeren Blätter entfernen. Möhren und Sellerie schälen. Lauch in dünne Ringe, Möhren und Sellerie in feine Streifen schneiden. Den Gemüsefond erhitzen, mit Sojasauce, Salz und Pfeffer würzen und das Gemüse darin bissfest garen.

2 In der Zwischenzeit die Petersilie waschen, trocken schleudern und die Blättchen abzupfen.

3 Die geräucherte Entenbrust in Scheiben schneiden. Das Gemüse auf 4 Tellern verteilen und die Entenbrust darauf anrichten. Mit Petersilienblättchen bestreuen.

Zutaten

Für 4 Personen

2 Stangen Lauch
4 Selleriestangen
2 große Möhren
200 ml Gemüsefond (Glas)
1 TL Sojasauce
Salz, Pfeffer
1 Bund Petersilie
1 frisch geräucherte Entenbrust

Rührei mit Räuchermakrele

Zubereitungszeit 20 Minuten

1 Die Makrele von allen Gräten befreien und in mundgerechte Stückchen zerteilen.

2 Die Butter in der Pfanne zerlassen, die Fischstückchen darin erwärmen, jedoch nicht braten.

3 Die Eier mit Salz und Pfeffer verquirlen und über den geräucherten Fisch gießen. Die Masse langsam stocken lassen. Schnittlauch in Röllchen schneiden und darüberstreuen.

Zutaten

Für 4 Personen

2 geräucherte Makrelenfilets
2 EL Butter
5 Eier
Salz, Pfeffer
½ Bund Schnittlauch

Räucheraal-Pfannkuchen

Zutaten
Für 4 Personen

- ½ Bund Dill
- 4 Eier
- Salz, Pfeffer
- 100 g Weizenmehl
- ½ l Milch
- 6 EL Butter
- 200 g Räucheraalfilet

Zubereitungszeit *25 Minuten* *Bratzeit* *15 Minuten*

1 Den Dill waschen, trocken schütteln und hacken. Die Eier mit den Gewürzen verquirlen, dann das Mehl und die Milch und zum Schluss 1 Esslöffel flüssige Butter sowie den Dill unterrühren.
2 Die restliche Butter nach und nach in einer beschichteten Pfanne erhitzen und nacheinander 4 Pfannkuchen goldgelb backen.
3 Das Aalfilet klein schneiden, auf den Pfannkuchen verteilen und diese zusammenklappen. Reichen Sie dazu einen Salat aus Roter Bete, roten Zwiebeln, Salzgurken, Dill und saurer Sahne.

Räucherforelle mit Estragon-Mayonnaise

Zutaten
Für 4 Personen

- 400 g Kartoffeln
- 1 Eigelb
- 1 TL Zitronensaft
- 1 TL Senf
- ⅛ l Sonnenblumenöl
- 1 Becher Magermilchjoghurt
- 4 Stängel Estragon
- 1 Bund Petersilie
- Salz, Pfeffer
- 2 EL Butter
- 4 geräucherte Forellenfilets

Zubereitungszeit *25 Minuten* *Kochzeit* *25 Minuten*

1 Die Kartoffeln in der Schale kochen. Das Eigelb, den Zitronensaft und den Senf mit einem Handrührgerät verrühren.
2 Das Öl während des Rührens zuerst tröpfchenweise, dann im dünnen Strahl dazulaufen lassen. Wenn die Mayonnaise fertig ist, den Joghurt unterrühren.
3 Estragon und Petersilie waschen, trocken schütteln und hacken. Estragon unter die Joghurt-Mayonnaise ziehen. Die Sauce mit Salz und Pfeffer würzig abschmecken.
4 Die Kartoffeln pellen. Butter leicht bräunen, die gehackte Petersilie hineingeben, salzen und über die Kartoffeln geben. Anschließend kurz warm stellen.
5 Die noch warmen Filets auf Tellern anrichten und mit der Joghurt-Mayonnaise und den Kartoffeln servieren.

Variante Estragon ist ein sehr kräftiges Kraut. Wenn Ihnen sein Geschmack nicht zusagt, nehmen Sie stattdessen eine Handvoll Kerbel oder reichlich Dill, viele frisch geschnittene Schnittlauchröllchen, Sauerampfer, Zitronenmelisse oder Basilikum oder auch eine Kräutermischung. Die Kräuter werden am besten mit einem scharfen Messer fein geschnitten.

Apfel-Sauerkraut-Salat mit Räucherfisch

Zubereitungszeit 20 Minuten

1 Das Sauerkraut gut abtropfen lassen. Die Äpfel waschen, trocken reiben, vierteln und entkernen. Nach Belieben schälen. Einen Apfel würfeln, den anderen in dünne Schnitze schneiden. Die Apfelstücke mit dem Zitronensaft beträufeln.

2 Die Zwiebel schälen, fein würfeln und in eine große Schüssel geben. Essig und Öl zufügen, mit Salz, Pfeffer und Zucker pikant abschmecken.

3 Das Sauerkraut in die Schüssel geben und mit der Vinaigrette mischen. Die rote Zwiebel schälen und in Ringe schneiden. Lachs in Streifen schneiden. Den Fisch in mundgerechte Stücke teilen.

4 Den Dill waschen, trocken schütteln und zerpflücken. Die Apfelwürfel unter das Sauerkraut mischen, die Apfelschnitze, die Zwiebelringe und die Fischstücke auf dem Sauerkraut verteilen. Mit dem Dill bestreuen.

Zutaten

Für 4 Personen

- 400 g Sauerkraut
- 2 Äpfel
- Saft von ½ Zitrone
- 1 Zwiebel
- 3 EL Apfelessig
- 5 EL Sonnenblumenöl
- Salz, Pfeffer
- 1 Prise Zucker
- 1 rote Zwiebel
- 4 Scheiben Räucherlachs
- 200 g gemischter Räucherfisch
- 1 Bund Dill

Kartoffelsalat mit Schillerlocken

Zutaten
Für 4 Personen
- 500 g fest kochende Kartoffeln
- 1 Radicchio
- 1 kleiner Endiviensalat
- 8 Cocktailtomaten
- 3 EL Essig
- 6 EL Keimöl
- Salz, Pfeffer
- 250 g Schillerlocken
- 1 Kästchen Kresse

Zubereitungszeit *20 Minuten* *Kochzeit* *20 Minuten*

1 Die Kartoffeln waschen und in 20 Minuten garen. Abgießen, etwas abkühlen lassen, pellen und in dünne Scheiben schneiden.
2 Radicchio und Endiviensalat waschen, trocken schleudern und in mundgerechte Stücke zupfen. Tomaten waschen und vierteln.
3 Salat und Kartoffelscheiben in einer großen Schüssel mischen. Aus Essig, Öl, Salz und Pfeffer eine pikante Vinaigrette rühren und darüberträufeln.
4 Die Schillerlocken in breite Stücke schneiden und darauf verteilen. Zum Schluss die gewaschene Kresse abschneiden und über den Salat streuen.

Variante Anstelle der Schillerlocken können Sie selbstverständlich genauso jeden anderen Räucherfisch nehmen. Probieren Sie diesen Kartoffelsalat auch einmal mit geräucherter Wurst oder geräuchertem Geflügel.

Minipizzas mit Räucherfisch

Zutaten
Für 18 Stück
- 400 g Pizzateig (Fertigprodukt)
- 2 Zwiebeln
- Olivenöl
- 1 Dose Pizzatomaten
- Salz, Pfeffer, Thymian
- 300 g gekochter Brokkoli
- 250 g Räucherfisch (z. B. Heilbutt, Schillerlocken)
- 18 Cocktailtomaten
- 2 EL kleine Kapern
- Gehackter Dill

Zubereitungszeit *50 Minuten* *Backzeit* *25 Minuten*

1 Den Pizzateig dünn ausrollen und mit einem Ausstecher 18 Kreise zu etwa 7 Zentimeter ausstechen. Zwei Backbleche mit Backpapier auslegen und die Teigkreise daraufsetzen. Im vorgeheizten Backofen bei 200 °C (Gas: Stufe 3) 10 Minuten vorbacken.
2 Die Zwiebeln schälen und fein würfeln. In etwas Öl weich schmoren und mit den Pizzatomaten mischen. Mit Salz, Pfeffer und Thymian würzen.
3 Die Tomaten leicht abgetropft auf den Minipizzas verteilen. Den Brokkoli in kleine Röschen teilen. Den Räucherfisch ohne Haut klein zupfen. Die Tomaten waschen und halbieren. Tomatensauce, Brokkoli, Räucherfisch, Tomaten und Kapern auf den Pizzas verteilen.
4 Die Pizzas mit ein paar Tropfen Olivenöl beträufeln und im Backofen weitere 10 bis 15 Minuten backen. Mit ein paar Dillspitzen bestreuen und heiß anrichten.

Crêpes mit Räucherfischfüllung

Zubereitungszeit 30 Minuten *Zeit zum Kühlen* 3 Stunden

1 Crêpes bzw. Pfannkuchen zubereiten und mit den gebeizten Lachsscheiben belegen.

2 Das geräucherte Forellenfilet ohne Haut und Gräten mit Crème fraîche und fein gehacktem Dill im Mixer pürieren. Mit Salz und frisch gemahlenem Pfeffer abschmecken.

3 Die Mischung auf die mit Lachs belegten Pfannkuchen streichen und einrollen. In Folie wickeln und in den Kühlschrank legen. 1 bis 2 Stunden vor dem Servieren aus dem Kühlschrank nehmen und in Scheiben schneiden.

4 Am besten auf Gurkenscheiben mit Zitronenvinaigrette anrichten.

Zutaten

Für 4 Personen

- 4 Crêpes oder Pfannkuchen, nach eigenem Rezept
- 8 Scheiben gebeizten Lachs
- 200 g geräuchertes Forellenfilet
- 200 g Crème fraîche
- 1 Bund Dill
- Salz, Pfeffer

Rote-Bete-Risotto mit Zander

Zutaten
Für 4 Personen

- 1 Rote Bete
- 1–2 EL Apfelessig
- Salz, Pfeffer
- 40 g Schalotten
- 1 Knoblauchzehe
- 1 Bio-Zitrone
- 5 Zweige Thymian
- 500 g geräuchertes Zanderfilet
- 1,2 l Gemüsebrühe
- 40 g Butter
- 300 g Risottoreis
- 150 ml Weißwein
- 2–3 EL Olivenöl
- 20 g Grieß
- 100 g Mascarpone (oder Schlagsahne)

Zubereitungszeit 30 Minuten *Kochzeit* 30 Minuten

1 Die Rote Bete kochen, klein schneiden und mit dem Essig fein pürieren. Mit Salz und Pfeffer würzen. Schalotten und Knoblauch fein hacken, Zitronenschale dünn abreiben und Thymianblättchen abzupfen. Den Fisch bei Bedarf entgräten und in nicht zu kleine Stücke teilen. Die Brühe erhitzen.

2 15 Gramm Butter in einem Topf schmelzen. Schalotten, Knoblauch und die Hälfte der Zitronenschale darin bei mittlerer Hitze 1 bis 2 Minuten dünsten. Reis zugeben, kurz mitdünsten. Wein zugeben und einkochen, bis die Flüssigkeit fast verdampft ist. Mit ⅓ der heißen Brühe auffüllen und den Reis etwa 20 Minuten offen unter Rühren leicht kochen lassen. Dabei nach und nach die restliche heiße Brühe dazugießen.

3 Öl in einer beschichteten Pfanne erhitzen. Den Fisch salzen und in Grieß wälzen. Mit der Hautseite nach unten bei mittlerer Hitze 2 Minuten braten. Wenden, 10 Gramm Butter, restliche Zitronenschale und Thymian zugeben. Von der Kochstelle nehmen und gar ziehen lassen. Restliche Butter und Mascarpone mit ⅔ des Risottos vermengen. Rote-Bete-Püree mit restlichem Risotto mischen. Risotto und Fisch mit Thymianbutter beträufelt auf Tellern servieren.

Hufeisen-Croissants mit Rotbarsch

Zubereitungszeit *30 Minuten* *Backzeit* *15 Minuten*

1 Blätterteigplatten auftauen lassen. Backofen auf 200 °C (Gas: Stufe 3) vorheizen. Frischkäse mit Salz, Pfeffer, Dill und Zitronenschale verrühren, abschmecken. Fisch in schmale Streifen schneiden.

2 Blätterteigplatten quer halbieren und ausrollen. Teigstücke mit der Käsemischung bestreichen, dabei rundum einen Rand frei lassen. Den Fisch darauf verteilen und Blätterteigplatten von der Längsseite her einrollen. Zu Hufeisen formen und die spitzen Enden gerade schneiden.

3 Zwei Eigelbe mit Milch verquirlen, Croissants damit bestreichen und nach Belieben mit Sesamsamen bestreuen. Die Oberfläche mit einer Gabel mehrmals einstechen. Croissants im Backofen 10 bis 15 Minuten goldgelb backen. Lauwarm zu gemischtem Salat servieren.

Zutaten

Für 12 Stück

- 450 g TK-Blätterteig (6 Platten)
- 300 g Doppelrahm-Frischkäse
- Salz, Pfeffer
- 2 EL gehackter Dill
- Etwas abgeriebene Zitronenschale
- 200 g geräucherter Rotbarsch
- 2 Eigelb
- 2 EL Milch
- Nach Belieben
- 3–4 EL Sesamsamen

Speckpflaumen

Zutaten
Für 20 Spieße
20 Softpflaumen
20 eingelegte Knoblauchzehen (Glas)
20 Scheiben geräucherter Speck

Zubereitungszeit 20 Minuten *Backzeit* 10 Minuten

1 Den Backofen auf 250 °C (Gas: Stufe 6) vorheizen. Die Softpflaumen mit den eingelegten Knoblauchzehen füllen.

2 Jede Pflaume anschließend mit je einer Scheibe geräuchertem Speck umwickeln und diesen mit einem Holzspießchen feststecken.

3 Im Backofen 8 bis 10 Minuten backen. Die Speckpflaumen am besten ofenfrisch als kleinen Snack servieren.

Suppen und Eintöpfe

Die Zeit langweiliger Suppen ist endlich vorbei. Heute weiß jede gute Köchin, jeder gute Koch, dass eine Suppe nur wirklich lecker schmeckt, wenn die Zutaten frisch sind, wenn mit viel Liebe gekocht und mit viel Fingerspitzengefühl abgeschmeckt wird. Eine gut gekochte Suppe ist ein unvergessliches Geschmackserlebnis. Nicht viel anders als der Suppe erging es lange Zeit dem Eintopf. Hier versammelte sich in einem Topf, was in Keller und Kühlschrank noch an Essbarem vorhanden war. Auch diese Zeit ist vorbei. Wer heute einen schmackhaften Eintopf auf den Tisch bringen will, kauft frische Zutaten, kombiniert mit allerlei Gewürzen und Kräutern, gibt ein gutes Stück Butter oder einen Schuss feinstes Olivenöl hinzu und freut sich aufs Essen. Auf den folgenden Seiten finden Sie sowohl leichte als auch gehaltvolle, sättigende Suppen und Eintöpfe mit geräuchertem Fisch, Fleisch und Geflügel.

Sauerkrautsuppe mit Heilbutt

Zubereitungszeit 15 Minuten Kochzeit 55 Minuten

Zutaten

Für 4 Personen

- 1 große Zwiebel
- 2 EL Butter
- 500 g Sauerkraut
- 800 ml Geflügelfond (Glas)
- 400 g gekochte Pellkartoffeln
- Salz, Pfeffer
- 1 Döschen Safran
- 100 g Schlagsahne
- 300 g geräucherter Heilbutt
- Frischer oder getrockneter Thymian

1 Die Zwiebel schälen, sehr fein hacken und in einem großen Topf in heißer Butter weich dünsten. Das Sauerkraut zerpflücken und zufügen. Mit dem Geflügelfond aufgießen und 40 Minuten köcheln lassen.

2 Die Kartoffeln pellen und in kleine Würfel schneiden. Zum Sauerkraut geben. Mit Salz, Pfeffer und Safran würzen und 15 Minuten weiterköcheln.

3 Die Schlagsahne unterrühren und nicht mehr kochen. Den Heilbutt von eventuellen Gräten befreien und in mundgerechte Stücke teilen. In die Suppe geben und erhitzen (nicht kochen!). Zum Schluss ein wenig Thymian einstreuen und die Suppe mit frischem Baguette servieren.

Variante Anstelle des Räucherfischs können Sie auch Räucherwurst untermischen.

Tipp Sauerkraut ist ein besonders gesundes und wohlschmeckendes Gemüse. Freuen Sie sich auf den Herbst, wenn endlich das erste frische Sauerkraut auf den Markt kommt. Es schmeckt viel würziger als das Kraut aus der Dose und ist stets vorzuziehen.

Deftiger Hühnereintopf

Zutaten
Für 10 Personen
1 Maispoularde
10 frische Riesengarnelen
5 EL Olivenöl
250 g durchwachsener Räucherspeck
1 Bund Suppengrün
150 g Zwiebeln
¼ l Weißwein
2 EL Tomatenmark
3 Lorbeerblätter
2 Nelken
1 Sternanis
1 rote Chilischote
2 Döschen Safran
Salz, Pfeffer
3 rote Paprikaschoten
3 gelbe Paprikaschoten
500 g Cocktailtomaten
500 g geräuchertes Kassler ohne Knochen
250 g gekochter Reis oder gekochte Suppennudeln
1 Bund Koriandergrün
1 Bund Schnittlauch

Zubereitungszeit 1 Stunde Kochzeit 1 Stunde 30 Minuten

1 Die Maispoularde innen und außen unter kaltem Wasser waschen und in einen große Suppentopf legen. Mit gut 2,5 Liter kaltem Wasser auffüllen und zum Kochen bringen. Die Garnelen aus dem Panzer brechen. Panzer abspülen und gut abtropfen lassen. Die Garnelen am Rücken einschneiden und entdarmen. Die Garnelen längs und quer halbieren und in 2 Esslöffeln heißem Öl insgesamt 1 Minute braten und beiseitestellen. Die Garnelenpanzer in dem Bratfett kräftig anbraten, mit 1 Glas Wasser ablöschen und um die Hälfte einkochen. Über die gegarten Garnelen abseihen.

2 Den Räucherspeck zur Poulade geben. Den aufsteigenden Schaum einmal mit einer Kelle abheben. Das Huhn und den Speck bei milder Hitze 30 Minuten garen. Inzwischen das Suppengrün schälen und grob würfeln. Die Zwiebeln ebenfalls schälen und in schmale Streifen schneiden.

3 Nun Suppengrün, Zwiebeln, Weißwein, Tomatenmark, Lorbeerblätter, Nelken und Sternanis zum Huhn geben und weiter garen. Die Chilischote längs aufschneiden und mit Safran ebenfalls zum Huhn geben. Alles zusammen noch einmal 30 Minuten kochen. Den weich gekochten Speck herausnehmen und leicht abgekühlt in kleine Würfel schneiden.

4 Das Huhn weitere 10 Minuten kochen, herausnehmen, das Fleisch vom Knochen lösen und klein schneiden. Die Brühe durch ein Sieb schütten und mit Salz und Pfeffer abschmecken.

5 Die Paprikaschoten halbieren und mit einem Sparschäler die Haut abziehen. Die Schoten in mundgerechte Stücke schneiden. Die Cocktailtomaten waschen und ohne Stielansatz halbieren.

6 Das restliche Öl in die Pfanne geben und die Paprikaschoten in der geschlossenen Pfanne 10 Minuten garen. Salzen und pfeffern. Das Kassler in mundgerechte Stücke schneiden. Tomaten und Kassler zu den Paprikaschoten geben und noch einmal aufkochen.

7 Paprikaschoten, Kassler, Speck, Hühnerfleisch, Garnelen mit dem Sud und mit gegartem Reis oder gekochten Nudeln in die Brühe geben, noch einmal aufkochen und abschmecken. Koriander und Schnittlauch klein schneiden und über den Eintopf streuen.

Ungarische Fischsuppe

Zutaten
Für 4 Personen
4 Möhren
1 Bund Frühlingszwiebeln
2 Knoblauchzehen
2 EL Butter
1 TL Tomatenmark
½ TL Chilipulver
800 ml Fischfond
Salz, Pfeffer
500 g geräuchertes Zanderfilet
1 Bund Schnittlauch

Zubereitungszeit 30 Minuten *Kochzeit* 20 Minuten

1 Die Möhren waschen, schälen und würfeln. Die Frühlingszwiebeln putzen, waschen und in Ringe schneiden. Den Knoblauch schälen und fein würfeln.

2 Möhren, Frühlingszwiebeln und Knoblauch in der Butter andünsten. Das Tomatenmark zufügen und mit anschwitzen. Zuletzt das Chilipulver einstreuen und mit dem Fond auffüllen. Die Suppe 15 Minuten köcheln lassen. Mit Salz und Pfeffer abschmecken.

3 Das geräucherte Fischfilet in Stücke schneiden und alle Gräten entfernen, in die Suppe geben und kurz darin ziehen lassen. Inzwischen den Schnittlauch waschen, trocken schütteln und fein hacken.

4 Die Suppe auf Tellern verteilen und jede Portion mit Schnittlauchröllchen bestreuen.

Kartoffelsuppe mit Lachstatar

Zubereitungszeit 30 Minuten Kochzeit 30 Minuten

Zutaten
Für 4 Personen
- 100 g Zwiebeln
- 350 g mehlig kochende Kartoffeln
- 20 g Butter
- 100 ml Weißwein
- 250 g Schlagsahne
- 40 ml Milch
- 200 ml Gemüsefond (Glas)
- Salz
- 2 Äpfel
- Öl

Für das Tatar:
- 1 TL schwarzer Sesam
- 80 g Lachsfilet (ohne Haut und Gräten)
- 3 Zweige Dill
- 1 EL Zitronensaft

1 Für die Suppe die Zwiebeln fein schneiden. Von 1 Kartoffel 4 dünne Scheiben abschneiden und in kaltes Wasser legen. Restliche Kartoffeln schälen und fein schneiden. Butter in einem Topf schmelzen. Zwiebeln und Kartoffeln darin bei mittlerer Hitze 2 bis 3 Minuten farblos dünsten. Weißwein zugeben und stark einkochen. Mit Sahne, Milch, Fond und 200 Milliliter Wasser auffüllen, zugedeckt 25 Minuten kochen, mit Salz würzen.
2 Suppe in einem Küchenmixer pürieren. 1½ Äpfel schälen und das Kerngehäuse entfernen, Fruchtfleisch grob schneiden. Apfelstücke in der Suppe weich kochen und fein pürieren.
3 Die Kartoffelscheiben aus dem Wasser nehmen, mit Küchenpapier abtupfen. Öl in einem Topf oder einer Pfanne erhitzen. Kartoffelscheiben darin beidseitig knusprig goldgelb braten. Herausnehmen und auf Küchenpapier abtropfen lassen.
4 Für das Tatar den Sesam in einer Pfanne ohne Fett kurz rösten und erkalten lassen. Lachs in sehr kleine Würfel schneiden. Dillspitzen fein hacken.
5 Lachs in einer Schüssel mit Sesam, Dill, Zitronensaft und etwas Öl verrühren, mit Salz würzen. Suppe aufwärmen und in angewärmte Teller geben. Restliche Apfelhälfte entkernen, fein würfeln und auf die Suppe streuen. Lachstatar auf die Kartoffelscheiben geben und mit der Suppe sofort servieren.

Kartoffel-Lauch-Suppe mit Räuchergarnelen

Zubereitungszeit 30 Minuten Kochzeit 30 Minuten

Zutaten
Für 4 Personen
- 350 g Kartoffeln
- 3 Stangen Lauch
- 800 ml Hummerfond (Glas)
- 200 g Schlagsahne
- Salz, Pfeffer, Muskat
- 6 geräucherte Garnelen
- 2 EL Petersilie

1 Die Kartoffeln schälen und würfeln. Lauch putzen und nur den hellen Teil klein schneiden. In dem Hummerfond weich kochen und pürieren.
2 Sahne angießen und etwas einkochen. Suppe mit Salz, Pfeffer und Muskat würzen. Garnelen in Stücke schneiden und mit der Petersilie über die Suppe streuen.

Lauch-Möhren-Topf mit Schweinebauch

Zutaten
Für 4 Personen

- 1 mittelgroße Zwiebel
- 750 g Lauch
- 1 Fenchelknolle
- 750 g Möhren
- 600 g fest kochende Kartoffeln
- 50 g Butter
- 1 l Fleischbrühe
- 500 g geräucherter Schweinebauch
- Selleriesalz
- Weißer Pfeffer
- ½ Bund Petersilie

Zubereitungszeit 20 Minuten *Kochzeit* 30 Minuten

1 Die Zwiebel schälen und in Würfel schneiden. Lauch und Fenchel putzen und waschen. Den Lauch in Stücke von etwa 5 Zentimetern Länge und den Fenchel in schmale Streifen schneiden. Die Möhren waschen, schälen und in Scheiben schneiden. Die Kartoffeln schälen und würfeln.

2 Die Butter erhitzen und die Zwiebelwürfel darin leicht anbräunen, dann das restliche Gemüse dazugeben und mitrösten. Alles mit der Fleischbrühe auffüllen und im geschlossenen Topf etwa 15 Minuten garen.

3 Danach den geräucherten Schweinebauch in Würfel schneiden und in die Suppe geben. Mit Selleriesalz und Pfeffer würzen und weitere 15 Minuten köcheln lassen. Petersilie waschen, trocken schütteln, hacken und in die Suppe streuen.

Räucheraal-Borschtsch

Zubereitungszeit 1 Stunde 20 Minuten
Kochzeit 1 Stunde 10 Minuten

Zutaten
Für 6 Personen
Für den Fond:
1 Bund Suppengrün
1 Zwiebel
1 kleine Fenchelknolle
1 Knoblauchzehe
3 Pimentkörner
2 Lorbeerblätter
1 TL Senfkörner
1 kg Fischkarkassen
Salz, Pfeffer

Für die Einlage:
300 g Weißkohl
2 Stangen Lauch
250 g Kartoffeln
4 Tomaten
1 kleines Glas Rote Beten
Kümmel, Zucker, Essig
350 g Räucheraalfilets
2 EL gehackte Petersilie

1 Für den Fond das Suppengrün putzen, bei Bedarf waschen und grob würfeln. Die Zwiebel schälen und in Ringe schneiden. Die geputzte Fenchelknolle in schmale Streifen schneiden. Die Knoblauchzehe abziehen und hacken. Das zerkleinerte Gemüse mit Zwiebelringen und Knoblauch in einen Suppentopf geben. Mit 1,4 Liter Wasser auffüllen.

2 Die festen Gewürze in den Topf geben und offen 10 Minuten köcheln lassen. Die Fischkarkassen unter kaltemWasser abspülen und mit Küchenpapier trocken tupfen. Die Karkassen zur Brühe geben und offen bei geringer Hitze 20 Minuten ziehen lassen. Den Topf beiseitestellen und noch weitere 10 Minuten ruhen lassen.

3 Den Fischfond durch ein Küchentuch abseihen und offen bei großer Hitze 5 Minuten etwas einkochen. Den Fond mit Salz und Pfeffer abschmecken.

4 Für die Einlage den Weißkohl putzen und in sehr feine Streifen hobeln. Vom Lauch nur den hellen Teil längs halbieren, gründlich waschen und in Streifen schneiden. Die Kartoffeln schälen und fein würfeln. Damit sie nicht anlaufen, in einer Schüssel mit kaltem Wasser parken.

5 Die gewaschenen Tomaten kreuzweise einritzen, kurz in kochendes Wasser tauchen, kalt abschrecken und häuten. Die Tomaten entkernen und grob würfeln. Die Roten Beten abgießen und den Saft dabei auffangen. Die Roten Beten in der Hälfte des Safts pürieren.

6 Den Weißkohl in dem Fond 15 Minuten garen. Lauch und Kartoffeln hinzufügen, weitere 8 Minuten kochen. Nun die Tomaten und die pürierten Roten Beten zum Weißkohl geben und noch einmal 2 Minuten kochen. Die Suppe mit Salz, Pfeffer, Kümmel, Zucker, Essig und dem aufgefangenen Rote-Bete-Saft pikant abschmecken.

7 Vor dem Anrichten die Aalfilets in kleine Würfel schneiden. Die Suppe auf angewärmten Tellern verteilen und mit Aalwürfeln und etwas Petersilie bestreuen.

Tipp Wenn's mal schnell gehen soll, dann verwenden Sie Fischfond aus dem Glas. Nehmen Sie als Einlage auch einmal geräuchertes Fleisch oder Räucherwurst.

Steckrübeneintopf mit Schweinenacken

Zutaten
Für 4 Personen
750 g geräucherter Schweinenacken
1 Lorbeerblatt
4 Pimentkörner
Salz
750 g Steckrüben
300 g Kartoffeln
2 Zwiebeln
2 EL Schmalz
1 große Möhre
Weißer Pfeffer
4 EL gehackte Petersilie
4 EL saure Sahne

Zubereitungszeit 25 Minuten Kochzeit 1 Stunde

1 Den geräucherten Schweinenacken mit den Gewürzen in 2 Liter Wasser auf kleiner Flamme 30 Minuten kochen lassen. Das Fleisch herausnehmen und die Brühe durch ein Sieb gießen.
2 Die Steckrüben und die Kartoffeln waschen, schälen und in gleich große Würfel schneiden. Die Zwiebeln schälen und ebenfalls würfeln. Die Kartoffel- und Steckrübenwürfel in die Brühe geben, 20 Minuten garen.
3 Den Schweinenacken in kleine Würfel schneiden. Das Schmalz in der Pfanne erhitzen und das Fleisch mit den Zwiebeln darin braten.
4 Die Möhre putzen, schälen und grob reiben. Mit dem Schweinenacken in die heiße Suppe geben. Nochmals aufkochen und mit Salz und Pfeffer würzen.
5 Petersilie in die Suppe streuen. Auf Tellern verteilen und jede Portion mit einem Klecks saurer Sahne garnieren.

Winzereintopf ▷

Zutaten
Für 4 Personen
4 kleine Zwiebeln
300 g grüne Trauben
500 g geräucherter Schweinenacken
1 TL Rosmarin
Pfeffer
3 EL Öl
1 EL Butter
1 EL Zucker
500 g Sauerkraut
2 Lorbeerblätter
3–4 Pimentkörner
400 ml Gemüsefond
2 EL Honig, Salz

Zubereitungszeit 40 Minuten Kochzeit 1 Stunde

1 Zwiebeln schälen und würfeln. Trauben waschen und abzupfen. Schweinenacken mit Rosmarin und Pfeffer würzen. In einem Bräter Öl erhitzen. Den Schweinenacken darin rundum goldbraun braten und herausnehmen. Zwiebeln und Trauben 1 bis 2 Minuten anbraten, herausnehmen. Butter und Zucker im Bräter schmelzen lassen.
2 Sauerkraut, Lorbeer und Piment zugeben. Gemüsefond zugießen. Fleisch aufs Kraut setzen und zugedeckt im vorgeheizten Ofen bei 200 °C (Gas: Stufe 3) auf der zweiten Schiene von unten etwa 30 Minuten garen. Honig auf das Fleisch streichen.
3 Noch weitere 5 bis 10 Minuten offen im Ofen garen. Das Fleisch in Scheiben schneiden. Das Sauerkraut aufkochen lassen, mit Salz und Pfeffer würzen. Zwiebeln und Trauben untermischen und den Eintopf noch einmal erwärmen.

Bohneneintopf mit Beinfleisch

Zutaten
Für 4 Personen

- 200 g Reis
- Salz
- 2 Möhren
- 1 Stange Lauch
- 100 g Sellerieknolle
- 1 Zwiebel
- 3 EL Sonnenblumenöl
- 500 g geräuchertes Beinfleisch
- 1 Dose rote Bohnen (850 g)
- 1 Dose geschälte Tomaten (425 g)
- 1 TL gekörnte Brühe
- 1 TL Cayennepfeffer
- ½ Bund Petersilie

Zubereitungszeit 25 Minuten *Kochzeit* 1 Stunde 10 Minuten

1 Den Reis in 1 Liter kochendes Salzwasser schütten und etwa 18 Minuten garen. Auf ein Sieb schütten, mit kaltem Wasser überspülen und abtropfen lassen.

2 Inzwischen die Möhren waschen, schälen und in Scheiben schneiden. Den Lauch putzen, waschen und in Ringe schneiden. Die Sellerieknolle und die Zwiebel schälen und würfeln.

3 Das Öl im Topf erhitzen und das Gemüse unter Rühren andünsten. Mit 1 Liter Wasser auffüllen, das Beinfleisch hinzugeben und gut 1 Stunde kochen.

4 Das gegarte Fleisch herausnehmen, auf einen Teller legen und abkühlen lassen. Nun die abgegossenen Bohnen und die Tomaten mit Saft in den Topf geben und alles nochmals aufkochen lassen.

5 Das Fleisch vom Knochen lösen und in kleine Würfel schneiden. Zusammen mit dem Reis wieder in die Suppe geben.

6 Mit Salz, der gekörnten Brühe und Cayennepfeffer nach Geschmack würzen und noch einmal kurz aufkochen lassen. Vor dem Servieren mit gehackter Petersilie bestreuen.

Deftige Ochsenschwanzsuppe

Zubereitungszeit 35 Minuten *Kochzeit* 2 Stunden 25 Minuten

1 Das Suppengrün waschen, putzen und klein schneiden. In 1 Esslöffel Öl andünsten und mit der Fleischbrühe auffüllen. Den Ochsenschwanz zufügen und etwa 2 Stunden köcheln lassen. Danach das Fleisch herausnehmen, vom Knochen lösen, würfeln und beiseitestellen.

2 In der Zwischenzeit die Zwiebeln und die Kartoffeln schälen und würfeln. Die Paprikaschote von Stielansatz und Samensträngen befreien und klein schneiden. Den Thymian waschen, trocken schütteln und die Blättchen vorsichtig abstreifen.

3 Die Zwiebeln im restlichen Öl anbraten. Die Suppe durch ein Sieb dazugießen. Thymian, Kartoffeln, Paprikaschote, Lorbeerblatt und Paprikapulver zufügen und alles etwa 25 Minuten kochen. Das Tomatenmark einrühren. Die Fleischwürfel wieder in die Suppe geben und alles nochmals erhitzen. Mit Salz und Pfeffer pikant abschmecken.

Zutaten

Für 4 Personen

- 1 Bund Suppengrün
- 2 EL Sonnenblumenöl
- 1,5 l Fleischbrühe
- 750 g geräucherter Ochsenschwanz
- 350 g Zwiebeln
- 500 g Kartoffeln
- 1 rote Paprikaschote
- ½ Bund Thymian
- 1 Lorbeerblatt
- 1 TL Paprikapulver
- 1 EL Tomatenmark
- Salz, Pfeffer

Apfelschaumsuppe mit Lachsstreifen ▷

Zutaten
Für 4 Personen

- 2–3 Schalotten
- 75 g kalte Butter
- 150 g Räucherlachs
- 1 säuerlicher Apfel (etwa 200 g)
- ¼ l Hühnerbrühe
- ¼ l herber Cidre (Apfelwein)
- 200 g Schlagsahne
- 1 EL Zitronensaft
- Salz, Pfeffer
- 1 Bund Dill

Zubereitungszeit *30 Minuten* *Kochzeit* *10 Minuten*

1 Schalotten abziehen und sehr fein würfeln. In 1 Esslöffel zerlassener Butter glasig dünsten. Den Räucherlachs in etwa 1 Zentimeter breite Streifen schneiden und zugedeckt kühl stellen.

2 Apfel schälen, vierteln und das Kerngehäuse entfernen. Fruchtfleisch fein würfeln. Mit der Hälfte der Brühe zu den Schalotten geben und 5 Minuten köcheln lassen, bis die Apfelstücke weich sind.

3 Die Suppe pürieren und mit der restlichen Brühe, dem Cidre und der Sahne aufgießen und erwärmen. Dann mit Zitronensaft, Salz und Pfeffer abschmecken. Die restliche Butter stückchenweise mit dem Pürierstab in die heiße Suppe einarbeiten.

4 Die Suppe sofort in Teller füllen, mit Lachsstreifen und nach Belieben mit klein gehacktem Dill bestreuen und sofort servieren.

Gurkensuppe mit Räucheraal

Zutaten
Für 4 Personen

- 1000 g Salatgurke
- 125 g Zwiebeln
- 2 EL Öl
- 250 g Schlagsahne
- 2 EL Zitronensaft
- Salz, Pfeffer
- ½ TL gemahlener Koriander
- 1 Bund Dill
- 300 g geräucherter Aal

Zubereitungszeit *25 Minuten* *Kochzeit* *35 Minuten*

1 Gurken schälen, halbieren und die Kerne mithilfe eines Teelöffels entfernen. Fruchtfleisch klein schneiden.

2 Zwiebeln schälen und in feine Würfel schneiden. Das Öl erhitzen und die Zwiebeln anbraten. Wenn sie leicht glasig sind, die Gurkenwürfel und etwas Wasser zufügen, salzen und 20 Minuten weiter auf kleinster Flamme garen.

3 Die Gurken-Zwiebel-Mischung pürieren, die Sahne zugießen und gut verquirlen. Zurück in den Topf geben und mit Salz, Pfeffer und Koriander abschmecken und einmal aufkochen lassen. Mit dem Pürierstab schaumig aufschlagen.

4 Den Dill waschen, trockenschütteln und hacken. Den Aal von der Haut und der Mittelgräte befreien, in feine Würfel schneiden und mit dem Dill auf die warme Suppe streuen.

Variante Als Einlage eignen sich auch geräucherter Lachs oder geräucherte Garnelen.

Grünkohleintopf mit Kassler

Zutaten

Für 4 Personen

- 800 g Grünkohl
- 2 Zwiebeln
- 2 EL Butter
- 2 TL Zucker
- ⅛ l helles Bier
- ¼ l Gemüsebrühe
- 1 Kartoffel
- 500 g Kassler ohne Knochen
- 2 feste Birnen
- 1 EL Zitronensaft
- 100 g saure Sahne
- Salz, Pfeffer
- ½ Bund glatte Petersilie

Zubereitungszeit 40 Minuten Kochzeit 1 Stunde 15 Minuten

1 Grünkohl waschen und trocken tupfen. Blätter von den Stielen streifen oder schneiden und nicht zu grob hacken. Zwiebeln abziehen und achteln.

2 Butter in einem Topf zerlaufen lassen, Zwiebeln darin andünsten, mit Zucker bestreuen und weiter braten, bis sie leicht braun werden. Grünkohl zugeben und gut unterrühren. Mit Bier und Brühe aufgießen. Kartoffel schälen, waschen, dazuraspeln und untermischen. Gemüse zugedeckt bei schwacher Hitze gut 1 Stunde kochen. Dabei ab und zu umrühren. Bei Bedarf noch etwas heißes Wasser oder Brühe dazugießen.

3 In der Zwischenzeit das Kassler fein würfeln. Birnen vierteln, schälen und das Kerngehäuse entfernen. Fruchtfleisch in dickere Schnitze schneiden und mit Zitronensaft beträufeln. Kassler und Birnen unter den Grünkohl mischen. Alle Zutaten weitere 10 Minuten kochen.

4 Saure Sahne unterziehen. Eintopf mit Salz und Pfeffer abschmecken. Petersilie kalt abbrausen, trocken schütteln, fein hacken und auf den Grünkohl streuen.

Weiße Bohnensuppe mit Lammfilet

Zubereitungszeit *30 Minuten* *Kochzeit* *30 Minuten*

1 Zwiebel und Knoblauch schälen und fein würfeln. Olivenöl in einem Topf erhitzen. Zwiebel- und Knoblauchwürfel darin anschwitzen. Weißwein dazugeben, auf die Hälfte einkochen.

2 Abgegossene und unter kaltem Wasser abgespülte Bohnen, Bohnenkraut und Gemüsebrühe zufügen, salzen und pfeffern. Dann etwa 10 Minuten köcheln lassen. Die Sahne dazugeben und weitere 5 Minuten köcheln lassen. Suppe mit Zitronensaft abschmecken und im Mixer fein pürieren. Anschließend durch ein feines Sieb streichen. Tomaten fein würfeln.

3 Lammfilets rundherum in Pfeffer und Koriander wälzen und in Scheiben schneiden.

4 Die heiße Suppe in Schalen anrichten, mit den gewürfelten Tomaten bestreuen und mit den Lammfilets servieren.

Zutaten

Für 4 Personen

- 1 Zwiebel
- 3 Knoblauchzehen
- 3 EL Olivenöl
- 200 ml Weißwein
- 400 g gekochte weiße Bohnen (Dose)
- 1 TL Bohnenkraut
- 600 ml Gemüsebrühe
- Salz, Pfeffer
- 400 g Schlagsahne
- 1 TL Zitronensaft
- 4 getrocknete Tomaten
- 600 g geräucherte Lammfilets
- 1 TL grober schwarzer Pfeffer
- 1 TL zerstoßener Koriander

Hauptgerichte

Worauf freut sich der Mensch so um die Mittagszeit? Auf ein sättigendes, wohlschmeckendes Mahl. Und weil es nicht mehr so oft das schnelle Essen an der Ecke sein muss, der Fleischklops zwischen zwei weichen Brötchenhälften oder die Semmel mit Bockwurst, gehört ein gesundes und leckeres Gericht auf den Teller. Auf den folgenden Seiten finden Sie eine Reihe köstlicher Vorschläge, um sich und Ihre Familie mittags satt und glücklich zu machen.

Matjes mit grünen Bohnen und Speck

Zutaten
Für 4 Personen

- ½ Bund glatte Petersilie
- 4 Zweige Bohnenkraut
- 500 g grüne Bohnen
- Salz
- 2 EL Butter
- Pfeffer
- 1 Zwiebel
- 150 g geräucherter Speck
- 8 geräucherte Matjesfilets
- Einige Blätter Kopfsalat

Zubereitungszeit *20 Minuten* *Kochzeit* *12 Minuten*

1 Die Kräuter waschen, trocken schütteln. Petersilie hacken, von 2 Zweigen Bohnenkraut die Blättchen abstreifen. Die Bohnen putzen, waschen, mit den restlichen 2 Zweigen Bohnenkraut in wenig Salzwasser 12 Minuten garen.

2 Die Bohnen in ein Sieb gießen. Butter im Topf schmelzen, die Bohnen wieder hineingeben, mit Salz und Pfeffer würzen. Die Kräuter einstreuen und durchschwenken.

3 Die Zwiebel schälen und würfeln. Den Speck ebenfalls in kleine Würfel schneiden und mit den Zwiebelwürfeln in einer Pfanne goldbraun rösten.

4 Die geräucherten Matjesfilets auf den zuvor geputzten Salatblättern auf einer Platte anrichten. Mit den Bohnen und der Speck-Zwiebel-Mischung servieren. Dazu schmecken Pellkartoffeln.

Variante Grüne Bohnen mit Räucherspeck und Matjesfilets ist ein typisch norddeutsches Gericht. Ebenso beliebt bei Einheimischen und Zugereisten sind im Norden grüne Bohnen mit Kutterscholle und Speckstippe. Sie verwenden natürlich mild geräucherte Matjesfilets aus eigener Herstellung. Auch die Scholle wird von Ihnen persönlich behutsam geräuchert. Vor dem Servieren wird die geräucherte Scholle in etwas heißer Butter oder in einem geschmacksneutralen Öl auf beiden Seiten kurz erwärmt und mit den knusprigen Speckwürfeln und dem Speckfett übergossen. Oder machen Sie es wie die Büsumer: Krönen Sie die erwärmte Scholle mit ungeräucherten kleinen Nordseekrabben, die auf gleiche Weise erwärmt wurden. Beilage: Stampfkartoffeln.

Räucherforelle in Blätterteig

Zubereitungszeit *1 Stunde* *Backzeit* *30 Minuten*

1 Die Tomaten abtropfen lassen und mit 2 Esslöffeln Tomatenöl grob pürieren. Zwei Forellenfilets leicht mit Salz und Pfeffer würzen und mit Tomatenpüree bestreichen. Die restlichen Forellenfilets darüberlegen.

2 Je 4 Scheiben Blätterteig aufeinanderlegen und 30 x 25 Zentimeter groß ausrollen. Aus jeder Teigplatte zwei fischförmige Teigstücke ausschneiden, die etwas größer sind als die Filets. Eigelbe mit Schlagsahne verrühren.

3 Je ein doppeltes Forellenfilet auf eine Teigplatte legen. Die Teigränder mit etwas Eiersahne bestreichen. Restliche Teigplatten darauflegen und um die Forellenfilets fest andrücken. Teigstücke mit der restlichen Eiersahne bestreichen und die Oberfläche mit einer Gabel mehrmals einstechen.

4 Die Blätterteigfische auf ein mit Backpapier ausgelegtes Backblech legen. Im vorgeheizten Backofen bei 220 °C (Gas: Stufe 4) auf der zweiten Schiene von unten 25 bis 30 Minuten goldgelb backen.

5 Saure Sahne mit Schnittlauch, Zitronensaft, Salz und Pfeffer verrühren. Den Blätterteig aus dem Ofen nehmen, 3 bis 4 Minuten ruhen lassen. Kaviar unter die Sahne heben und zu den Forellen im Schlafrock servieren.

Zutaten

Für 4 Personen

- 100 g getrocknete Tomaten (in Öl)
- 4 geräucherte Forellenfilets
- Salz, Pfeffer
- 8 Scheiben TK-Blätterteig (22x10 cm)
- 2 Eigelb
- 5 EL Schlagsahne
- 200 g saure Sahne
- 1 EL Schnittlauchröllchen
- 1 EL Zitronensaft
- 50 g Forellenkaviar

Geräucherte Scholle mit Brokkoli

Zubereitungszeit *15 Minuten* *Kochzeit* *15 Minuten*

1 Die Schollenfilets räuchern. Inzwischen den Brokkoli waschen, trocken tupfen und in kleine Röschen zerteilen.

2 Die Gemüsebrühe zum Kochen bringen und die Brokkoliröschen darin im geschlossenen Topf 10 Minuten garen.

3 Die Butter zerlassen und die Mandeln zufügen. Mit Salz und Muskatnuss würzen und über den Brokkoli gießen. Mit den noch warmen Schollenfilets anrichten und servieren. Reichen Sie dazu kleine Röstkartoffeln, die mit Dillsamen gewürzt werden.

Zutaten

Für 4 Personen

- 500 g Schollenfilets
- 1 kg frischer Brokkoli
- ¼ l Gemüsebrühe
- 50 g Butter
- 50 g Mandelblättchen
- Salz, geriebene Muskatnuss

Forelle mit Reibekuchen und Meerrettich

Zutaten
Für 4 Personen

- 1 Apfel
- etwas Zitronensaft
- 4 EL frisch geriebener Meerrettich
- 200 g Schlagsahne
- Salz, Pfeffer
- 1 Prise Zucker
- 500 g Kartoffeln
- 1 Eigelb
- 6 EL Sonnenblumenöl
- 8 Forellenfilets

Zubereitungszeit 25 Minuten *Bratzeit* 20 Minuten

1 Den Apfel schälen, fein reiben und mit etwas Zitronensaft beträufeln. Den Meerrettich mit dem Apfel verrühren und unter die geschlagene Sahne heben. Mit Salz, Pfeffer und Zucker abschmecken.
2 Die Kartoffeln waschen, schälen und grob raspeln. Mit Salz und Pfeffer würzen und mit dem Eigelb vermengen.
3 Etwas Öl in einer Pfanne erhitzen und portionsweise kleine Reibekuchen aus etwa 2 Esslöffeln von der Kartoffelmasse backen. Die Reibekuchen auf angewärmte Teller legen.
4 Die Forellenfilets erwärmen, mit den Reibekuchen anrichten und den Apfel-Sahne-Meerrettich in ausgehöhltem Apfel dazugeben.

Gebackene Kartoffeln mit Bückling

Zubereitungszeit *30 Minuten* *Backzeit* *1 Stunde*
Grillzeit *3 Minuten*

1 Den Backofen auf 220 °C (Gas: Stufe 4) vorheizen. Die Kartoffeln waschen und abtrocknen. Jede Kartoffel in Alufolie wickeln und im Ofen etwa 1 Stunde backen.
2 Wenn sie gar sind, aus der Folie wickeln, halbieren und aushöhlen, dabei einen Rand von etwa 1 Zentimeter stehen lassen. Die Kartoffeln abkühlen lassen und das Ausgehöhlte mit der sauren Sahne vermischen.
3 Die Kräuter waschen, trocken schütteln und hacken. Unter die Kartoffelmischung rühren.
4 Den Bückling von Haut und Gräten befreien, klein schneiden und ebenfalls unter die Kartoffelmischung heben. Die Masse mit Salz und Pfeffer würzen und in die ausgehöhlten Kartoffeln füllen. Das Ganze für 3 Minuten unter den Grill schieben.
5 Während der Backzeit der Kartoffeln die Tomaten waschen, quer halbieren, Kerngehäuse mit einem Teelöffel entfernen und das Tomatenfleisch in Würfel schneiden. Basilikum waschen, trocken schütteln und die Blättchen in feine Streifen schneiden.
6 Aus Olivenöl, Zitronensaft, Salz und Pfeffer eine Vinaigrette rühren und über die Tomaten geben. Den Tomatensalat zu den gebackenen Kartoffeln servieren.

Zutaten
Für 4 Personen
4 große Backkartoffeln
100 g saure Sahne
1 Bund gemischte Kräuter (z. B.: Petersilie, Dill, Schnittlauch, Kerbel)
1 Bückling
Salz, Pfeffer
4 Fleischtomaten
¼ Bund Basilikum
4 EL Olivenöl
2 EL Zitronensaft

Pasta mit Entenbrust und Pilzen

Zutaten
Für 4 Personen

- 600 g Pfifferlinge
- 1 EL frische Rosmarinnadeln
- 100 g Walnusskerne
- 10 EL Olivenöl
- 1 Knoblauchzehe
- 3 EL Honig (z. B. Thymianhonig)
- Salz, Pfeffer
- 1 geräucherte Entenbrust
- 150 g Schalotten
- 100 g getrocknete Soft-Aprikosen
- 50 g frischer Meerrettich
- 350 g Bandnudeln
- 10 große Salbeiblätter
- 3 EL frische Oreganoblättchen

Zubereitungszeit 45 Minuten Kochzeit 25 Minuten

1 Die Pfifferlinge unter fließendem Wasser kurz waschen, gut abtropfen lassen und auf ein Küchentuch legen. Die Stielenden abschneiden, größere Pilze halbieren oder vierteln.

2 Rosmarinnadeln fein hacken. Walnüsse in 1 Esslöffel Olivenöl goldbraun rösten. Knoblauch schälen, durch die Presse dazudrücken und den Rosmarin untermischen. Noch warm mit Honig, 5 Esslöffeln Olivenöl, etwas Salz und Pfeffer im Blitzhacker zu Walnusspesto zerkleinern. Bei Bedarf weiteres Öl dazugeben.

3 Entenbrust häuten und fein würfeln. Schalotten und Aprikosen fein würfeln. Meerrettich schälen und in Folie wickeln.

4 Bandnudeln nach Packungsanweisung in Salzwasser bissfest kochen. Inzwischen Salbei- und Oreganoblätter im restlichen Olivenöl in einer großen Pfanne bei starker Hitze kurz knusprig braten. Geröstete Kräuter mit einer Gabel aus dem Öl heben. Pfanne mit dem Öl beiseitestellen. Geröstete Kräuter abtropfen lassen und grob hacken.

5 Kräuteröl erhitzen und die Pfifferlinge darin etwa 2 Minuten kräftig anbraten, dabei wenig rühren. Die Schalotten zugeben und 1 Minute mitbraten. Zum Schluss geröstete Kräuter, Aprikosen und Entenbrust untermischen.

6 Die Nudeln in einem Sieb gut abtropfen lassen. Zuerst mit Walnusspesto, dann mit Pfifferlingen mischen und bei Bedarf nachwürzen. Den Meerrettich portionsweise fein darüberraspeln und servieren.

Tipp Die geräucherte Haut von Ente und anderem Geflügel lässt sich gut in einer Pfanne mit wenig Fett knusprig ausbraten. Streuen Sie die Knusperhaut über einen Salat oder über die Nudeln.

Variante Nudeln und Geräuchertes passen besonders gut zusammen. Seien es nun Spaghetti mit geräuchertem Speck und Sahnesauce oder Linguini mit Räucherlachs in einer samtigen Zitronensauce. Auch Pilze verbinden sich mit Pasta zu einem köstlichen Geschmackserlebnis auf den Tellern der Feinschmecker. Statt der geräucherten Entenbrust passt auch geräucherte Hähnchenbrust sehr gut zu diesem Rezept.

Geräucherter Heilbutt mit Zitronensauce

Zutaten
Für 4 Personen
4 Scheiben Heilbutt
3 Zweige Estragon
3 Eigelb
Saft von 1 Zitrone
1 TL Dijonsenf
6 EL heißer Fischfond

Zubereitungszeit 15 Minuten *Zeit zum Räuchern* 30 Minuten

1 Die Heilbuttscheiben räuchern und während des Räuchervorgangs die Sauce zubereiten. Estragon waschen und trocken schütteln. Die Blättchen abzupfen und hacken.
2 Die Eigelbe im Wasserbad mit dem Zitronensaft und dem Senf schaumig schlagen. Nach und nach den heißen Fischfond dazugeben, bis die Sauce unter ständigem Schlagen dickschaumig geworden ist.
3 Die Sauce warm zu den fertig geräucherten Heilbuttscheiben reichen.

Tipp Servieren Sie zum Heilbutt in Butter geschwenkte Petersilienkartoffeln und Spargel.

Geräucherte Seezunge mit Krabbensauce

Zutaten
Für 4 Personen
2 EL Butter
200 ml Fischfond (Glas)
2 TL Zitronensaft
200 g Schlagsahne
2 Eigelb
Salz, Pfeffer
100 g gekochte und geschälte Krabben
3 Zweige Dill
4 geräucherte Seezungen zu je 300 g

Zubereitungszeit 15 Minuten

1 Die Butter im Topf schmelzen lassen. Den Fischfond, den Zitronensaft und die Sahne zugießen. Die verquirlten Eigelbe in die heiße, aber nicht mehr kochende Flüssigkeit einrühren.
2 Bei geringer Hitze so lange weiterrühren, bis die Sauce dicklich wird. Die Sauce darf aber nicht kochen, sie flockt sonst aus!
3 Mit Salz und Pfeffer abschmecken und zuletzt die Krabben und den gehackten Dill unterrühren.
4 Die Krabbensauce über die geräucherten, noch warmen Seezungen gießen.

Variante Zu den zahlreichen Hauptspeisen in diesem Kapitel passen immer geschmorte Gurken. Dafür Schlangengurken schälen, längs halbieren und entkernen. Die Kerne in ein Sieb über einer Schüssel schaben und so die Flüssigkeit auffangen. Die Gurken in etwa 0,5 Zentimeter dicke Stücke schneiden, mit dem Gurkenwasser bei milder Hitze etwa 10 Minuten schmoren. Mit Crème fraîche, Salz, Pfeffer, Zucker und gehacktem Dill abschmecken. Reichen Sie dazu Salzkartoffeln oder gekochten Reis.

Überbackene Scholle

Zubereitungszeit 30 Minuten Kochzeit 8 Minuten
Backzeit 20 Minuten

1 Die Kartoffeln waschen, schälen und in dünne Scheiben schneiden. In Salzwasser etwa 8 Minuten kochen. Fächerförmig in eine ausgefettete Form schichten.

2 Den Spinat verlesen und waschen. Die Butter mit ½ Tasse Wasser erhitzen und den Spinat darin etwa 2 Minuten blanchieren. Abkühlen lassen, gut ausdrücken und auf den Kartoffeln verteilen.

3 Den Backofen auf 220 °C (Gas: Stufe 4) vorheizen. Die Fischfilets von restlichen Gräten befreien, in Stückchen zupfen und auf den blanchierten Spinat geben.

4 Die Sahne und das Ei verrühren, mit Salz und Pfeffer würzen und über den Fisch gießen. Mit dem geriebenen Käse bestreuen und im Backofen 20 Minuten garen. Mit Petersilie bestreuen.

Tipp Zur überbackenen Scholle passen ein grüner Salat und ein kühles Bier.

Zutaten
Für 4 Personen
- 500 g Kartoffeln
- Salz
- Butter für die Form
- 300 g Blattspinat
- 1 TL Butter
- 8 geräucherte Schollenfilets
- 250 g Schlagsahne
- 1 Ei
- Pfeffer
- 75 g geriebener Käse (Gouda, Edamer)
- ½ Bund Petersilie

Geräucherter Rotbarsch mit Ratatouille

Zubereitungszeit 30 Minuten Backzeit 25 Minuten

1 Paprika, Zucchini und Aubergine waschen und trocken reiben. Die Paprikaschoten von Stielansätzen und Samensträngen befreien und grob würfeln.

2 Die Zucchini in Scheiben, die Aubergine und die geschälten Zwiebeln in Würfel schneiden.

3 Paprika, Aubergine, Zucchini und Zwiebeln nacheinander in Olivenöl braten und mit dem Öl in eine feuerfeste Form geben.

4 Die Kräuter waschen, die Blättchen hacken und zum Gemüse geben. Die Form mit Alufolie abdecken und im vorgeheizten Backofen bei 200 °C (Gas: Stufe 3) 25 Minuten backen. Während der letzten 5 Minuten den zerkleinerten Rotbarsch dazugeben.

Tipp Servieren Sie das Ratatouille mit einem ofenfrischen Kräuterweißbrot.

Zutaten
Für 4 Personen
- je 1 rote, grüne und gelbe Paprika
- 2 Zucchini
- 1 kleine Aubergine
- 2 Zwiebeln
- 3 Zweige Thymian
- 3 Zweige Basilikum
- 6 EL Olivenöl
- Salz, Pfeffer
- 500 g geräucherter Rotbarsch

Nudelauflauf mit geräucherter Makrele

Zutaten

Für 4 Personen

- 250 g kurze Nudeln (Penne, Rigatoni)
- 500 g Lauch
- 1 geräucherte Makrele
- 2 Eier
- 1 Eigelb
- 200 g Schlagsahne
- Salz, Pfeffer
- 2 TL Zitronensaft
- Butter für die Form
- 100 g geriebener Emmentaler
- 30 g Butter

Zubereitungszeit *30 Minuten* *Kochzeit* *20 Minuten*
Backzeit *20 Minuten*

1 Die Nudeln in 2,5 Liter Salzwasser bissfest garen, abgießen und abtropfen lassen.

2 Den Lauch putzen, waschen, trocken tupfen und den hellen Teil in Ringe schneiden. In kochendem Salzwasser 2 Minuten blanchieren. Das Wasser abgießen, den Lauch kalt abschrecken und abtropfen lassen.

3 Die Makrele von Haut und Gräten befreien, mit Eiern, Eigelb, Sahne, Salz, Pfeffer und Zitronensaft pürieren. Den Lauch untermischen und mit den Nudeln vermengen.

4 Eine Auflaufform ausfetten, die Masse einfüllen und mit dem Käse bestreuen. Die Butter darauf verteilen, bei 200 °C (Gas: Stufe 3) 20 Minuten überbacken.

Wirsingroulade mit Kabeljau

Zubereitungszeit 45 Minuten Kochzeit 30 Minuten

1 Vom Wirsing äußere Blätter entfernen. 16 schöne Blätter abtrennen. Reichlich Wasser aufkochen. Wirsingblätter darin 1 bis 2 Minuten kochen, herausheben, trocken tupfen und die Blattrippen flacher schneiden.

2 Spinat auftauen lassen. Brötchen in Wasser einweichen. Fischfilet fein hacken. Zwiebel schälen und fein würfeln. Kräuter abbrausen, trocken schütteln und die Blättchen hacken. Brötchen zwischen zwei Brettchen ausdrücken, mit Fisch, Zwiebel, Kräutern und Eiern mischen. Mit Salz, Pfeffer und etwas Meerrettich pikant abschmecken.

3 Je 2 Wirsingblätter aufeinanderschichten, mit Lachsscheiben belegen. Je ⅛ der Füllung und etwas Spinat in die Mitte geben. Zu Rouladen einrollen und mit Holzspießchen feststecken.

4 Butter in einem Schmortopf erhitzen, Rouladen darin rundum 2 bis 3 Minuten anbraten. Mit Wein und Brühe aufgießen. Die Rouladen bei kleiner Hitze zugedeckt etwa 20 Minuten schmoren.

5 Rouladen herausnehmen, warm halten. Die Sauce etwas einkochen. Stärke mit wenig kaltem Wasser glatt rühren, in die Sauce mischen, aufkochen. Mit Crème fraîche und Meerrettich würzen.

Zutaten

Für 4 Personen

- 1 Wirsing (800 g)
- 50 g TK-Blattspinat
- 1 Brötchen vom Vortag
- 500 g geräuchertes Kabeljaufilet
- 1 Zwiebel
- je 1 Bund Petersilie und Dill
- 2 Eier
- Salz, Pfeffer
- 2–3 EL geriebener Meerrettich
- 8 Scheiben Räucherlachs
- 2–3 EL Butter
- 50 ml Weißwein
- 150 ml Gemüsebrühe
- 1 TL Speisestärke
- 150 g Crème fraîche

Gratin von Reis und Räucherforelle

Zutaten
Für 4 Personen
150 g Reis
Salz
200 g braune Champignons
3 Schalotten
½ Bund Petersilie
5 EL Butter
200 g Schlagsahne
Pfeffer
Butter für die Form
2 geräucherte Forellen
200 g Mozzarella

Zubereitungszeit *20 Minuten* *Kochzeit* *18 Minuten*
Backzeit *20 Minuten*

1 Den gewaschenen Reis in 800 Millilitern Salzwasser 18 Minuten kochen. Die Champignons säubern und in dünne Scheiben schneiden. Die Schalotten schälen und fein würfeln. Die Petersilie waschen, trocken schütteln und fein hacken.
2 Die Butter in einer Pfanne erhitzen und die Schalotten darin glasig dünsten. Die Champignons zufügen und etwa 5 Minuten dünsten. Die Sahne zugießen und alles etwas einkochen lassen. Mit Salz und Pfeffer würzen und zum Schluss die gehackte Petersilie einstreuen.
3 Eine feuerfeste Form einfetten, den Reis abgießen und einfüllen. Die Räucherforellen von Haut und Gräten befreien, in mundgerechte Stücke zerpflücken und auf dem Reis verteilen.
4 Die Champignons darüber verteilen und zuletzt den Mozzarella mit einer groben Reibe darüberraffeln und salzen. Im vorgeheizten Ofen bei 220 °C (Gas: Stufe 4) etwa 15 bis 20 Minuten goldgelb überbacken.

Tagliatelle mit Räucherlachs

Zutaten
Für 4 Personen
300 g frisches Lachsfilet
100 g geräucherter Lachs
100 g Frühlingszwiebeln
350 g Tagliatelle
Salz
6 EL Olivenöl
5 Zweige Dill

Zubereitungszeit *30 Minuten*

1 Lachsfilet quer in dünne Scheiben, den geräucherten Lachs in schmale Streifen schneiden. Frühlingszwiebeln putzen und in sehr dünne Ringe schneiden.
2 Tagliatelle nach Packungsanweisung in reichlich kochendem Salzwasser bissfest garen. In der Zwischenzeit 2 Esslöffel Olivenöl in einer Pfanne erhitzen und die Lachsscheiben darin bei milder Hitze 2 bis 3 Minuten dünsten.
3 Die Nudeln abgießen, dabei etwa 50 Milliliter Kochwasser auffangen. Nudeln mit den beiden Lachssorten, dem Nudelkochwasser und dem restlichen Olivenöl in einer angewärmten Schüssel mischen. Mit abgezupften Dillspitzen bestreuen.

Geräucherter Wolfsbarsch auf Spinat

Zubereitungszeit *45 Minuten* *Kochzeit* *10 Minuten*

1 Die Spinatblätter sorgfältig verlesen, harte Stiele und Mittelrippen entfernen. Waschen und abtropfen lassen.
2 Die Schalotte schälen und fein hacken. Das Butterschmalz in einem flachen Bräter erhitzen und die Schalottenwürfel darin anschwitzen. Den Spinat hinzufügen, mit Salz, Pfeffer und Muskat würzen und zugedeckt garen lassen. Zum Schluss die Pinienkerne rösten und untermischen.
3 Für die Vinaigrette Fischfond, Öl und Essig aufkochen und um ein Drittel einkochen lassen.
4 Die Tomate blanchieren, häuten und ohne Stängelansatz und Kerne in kleine Würfel schneiden. Die Oliven entkernen und ebenfalls fein würfeln.
5 Die kalte Butter in kleinen Stückchen mit einem Schneebesen unter die eingekochte Sauce rühren. Zuletzt die Tomaten- und Olivenwürfel untermischen und die Vinaigrette noch einmal leicht erwärmen.
6 Die geräucherten Wolfsbarsche (Loup de Mer) gehäutet und entgrätet auf dem Spinat anrichten und mit der Vinaigrette begießen.

Zutaten
Für 4 Personen
1 kg frischer Spinat
1 Schalotte
40 g Butterschmalz
Salz, Pfeffer
frisch geriebene Muskatnuss
50 g Pinienkerne
4 kleine geräucherte Wolfsbarsche

Für die Vinaigrette:
400 ml Fischfond (Glas)
75 ml Olivenöl
4 cl Sherryessig
1 Fleischtomate
100 g Oliven
50 g kalte Butter

Kotelettbraten mit Honigkruste

Zutaten
Für 4 Personen
400 ml Weißwein
Etwas Zitronenschale
1 Zwiebel
6 Pfefferkörner
1 Stückchen Ingwerwurzel
6 Wacholderbeeren
1,5 kg geräuchertes Kotelett

Für die Honigkruste:
2 EL Honig
2 EL scharfer Senf
1 EL Orangenmarmelade
1 EL Meerrettich
4 EL Semmelbrösel
4 EL Crème fraîche
¼ l Fleischbrühe
Salz, Pfeffer

Zubereitungszeit 25 Minuten Bratzeit 1 Stunde 15 Minuten

1 Den Wein mit der Zitronenschale, der geviertelten Zwiebel, den Pfefferkörnern, dem Ingwer und den Wacholderbeeren aufkochen.
2 Das Fleisch mit der Oberseite nach unten in einen Schmortopf geben und ein Drittel des Weins mit den Gewürzen zugießen.
3 Im vorgeheizten Backofen bei 180 °C (Gas: Stufe 2) etwa 1 Stunde im offenen Topf schmoren. Das Fleisch nach ½ Stunde wenden und immer wieder mit dem Bratensaft begießen. Eventuell etwas Wein nachgießen.
4 Für die Kruste Honig, Senf, Orangenmarmelade, Meerrettich und Semmelbrösel sowie 2 Esslöffel Crème fraîche verrühren und die Oberseite des Kotelettbratens damit gleichmäßig bestreichen. Bei 225 °C (Gas: Stufe 4) weitere 15 Minuten braten lassen, bis die Kruste knusprig braun ist. Eventuell noch einmal etwas Honigcreme daraufstreichen. Das Fleisch herausnehmen und warm stellen.
5 Den Bratensatz mit der Fleischbrühe und zwei Tassen Weinmarinade ablöschen. Durch ein Sieb in einen kleinen Topf geben, um ein Drittel einkochen lassen und die restliche Crème fraîche hinzufügen. Kurz aufkochen und mit Salz und Pfeffer abschmecken.
6 Den Braten kurz ruhen lassen. Dann im Ganzen oder in Scheiben anrichten. Dazu schmecken Knödel.

Schweinekoteletts in Pflaumensauce

Zubereitungszeit *20 Minuten* *Kochzeit* *20 Minuten*

Zutaten
Für 4 Personen
- 100 g Honig
- ¼ l Rotwein
- 250 g Trockenpflaumen
- Saft und Schale von 1 Bio-Zitrone
- 4 geräucherte Schweinekoteletts
- Salz
- Pfeffer

1 Den Honig in einen Topf geben und aufkochen. Den Rotwein langsam zum kochenden Honig gießen und so lange köcheln lassen, bis sich der Honig vollständig im Wein aufgelöst hat.
2 Zwei Drittel der Pflaumen in der Honigflüssigkeit etwa 15 Minuten garen und durch ein Sieb passieren. Den Rest der Pflaumen fein würfeln und dazugeben, nochmals aufkochen.
3 Die Zitrone waschen und trockenreiben. Die Schale mit einem Zestenreißer ohne die weiße, bittere Haut in schmalen Streifen abziehen. Die Zitronenschalenstreifen in einem Sieb mit kochendem Wasser übergießen und abtropfen lassen. Die Zitrone auspressen. Schalenstreifen zusammen mit dem Zitronensaft unter die Sauce rühren und alles nochmals – jedoch ohne Kochen – erhitzen.
4 Die frisch geräucherten Schweinekoteletts mit Salz und Pfeffer würzen. Auf Tellern anrichten und mit der Pflaumensauce begießen.

Tipp Reichen Sie zu den Schweinekoteletts selbst gemachte Spätzle und eine große Schüssel mit grünem Salat.

Kalbsfilet mit Vermouth-Sauce

Zubereitungszeit *25 Minuten* *Kochzeit* *15 Minuten*

Zutaten
Für 4 Personen
- 2 Tomaten
- 2 EL Butter
- 1 TL Paprikapulver
- ¼ TL Thymian
- 4 EL trockener Vermouth
- 250 g Schlagsahne
- Salz, Pfeffer
- 600 g geräuchertes Kalbsfilet

1 Die Tomaten überbrühen, häuten, entkernen und würfeln. Die Butter in einer Pfanne schmelzen lassen und die Tomaten darin andünsten. Paprikapulver und Thymian einstreuen und 3 Minuten mitdünsten.
2 Mit Vermouth ablöschen, kurz erhitzen, dann die Sahne dazugießen. Auf kleiner Flamme etwas einkochen lassen. Zum Schluss mit Salz und Pfeffer würzen.
3 Das geräucherte Kalbsfilet in einer Pfanne mit etwas Fett anwärmen. Das Fleisch in nicht zu dünne Scheiben schneiden und mit der Sauce auf angewärmten Tellern anrichten.

Geräucherte Kalbszunge auf dicken Bohnen

Zutaten
Für 4 Personen
- 1 geräucherte Kalbszunge
- 1 Zwiebel
- 1 Lorbeerblatt
- 4 Pimentkörner
- 4 Wacholderbeeren
- 800 g dicke Bohnen
- ¼ l Milch
- 75 g Butter
- ½ TL Zucker
- Muskatnuss
- ½ Bund Petersilie
- Salz, Pfeffer

Zubereitungszeit 15 Minuten Kochzeit 1 Stunde 40 Minuten

1 Die Zunge in 1 Liter Wasser mit der geschälten und halbierten Zwiebel, mit Lorbeer, Piment und Wacholder etwa 1,5 Stunden kochen lassen. Wenn man mit einer Gabel die Zungenspitze mühelos einstechen kann, ist sie gar.

2 Die Zunge herausnehmen, kalt abspülen und die Haut abziehen. Die Zunge quer in 0,5 Zentimeter dicke Scheiben schneiden und in einem Topf mit 1 Tasse von dem gründlich durchgesiebten Sud warm stellen.

3 Die Bohnen in der mit etwas Zungenbrühe verdünnten Milch garen. Anschließend in einem feinen Sieb abtropfen lassen.

4 Die Butter mit dem Zucker in einem Topf leicht bräunen lassen und die Bohnen darin schwenken. Mit frisch geriebener Muskatnuss, gehackter Petersilie, Salz und Pfeffer pikant abschmecken.

5 Die großen Bohnenkerne auf angewärmten Tellern portionsweise anrichten und ein paar Zungenscheiben dazulegen.

Rinderbrust mit Kartoffel-Wirsing-Auflauf

Zubereitungszeit 30 Minuten Kochzeit 20 Minuten Backzeit 20 Minuten

1 Die Kartoffeln schälen, in Scheiben schneiden und in Salzwasser etwa 10 Minuten kochen. Den Wirsing waschen, putzen und in Streifen schneiden. In Salzwasser etwa 6 Minuten blanchieren.
2 Die Schalotten schälen und fein würfeln. Eine feuerfeste Form mit Butter einfetten und die Hälfte der Kartoffelscheiben einfüllen, darauf die Hälfte des Wirsings und die Hälfte der Schalotten geben. Jede Schicht mit ein wenig Salz und etwas geriebener Muskatnuss bestreuen.
3 Nun die Scheiben der geräucherten Rinderbrust auf die erste Kartoffel-Gemüse-Schicht legen und mit den restlichen Zutaten genauso verfahren.
4 Zum Schluss den Auflauf mit der sauren Sahne bedecken und im vorgeheizten Ofen bei 200 °C (Gas: Stufe 3) 20 Minuten backen.

Zutaten
Für 4 Personen
500 g Kartoffeln
Salz
500 g Wirsing
3 Schalotten
Butter für die Form
Muskatnuss
800 g geräucherte Rinderbrust, in 8 Scheiben geschnitten
150 g saure Sahne

Geräuchertes Filetsteak aus der Folie

Zubereitungszeit 25 Minuten Backzeit 5 Minuten

1 Den Spinat verlesen, waschen und trocken schleudern. Vier Stück Alufolie mit etwas Butterschmalz einpinseln und die geräucherten Steaks darauflegen. Die Schalotten und den Knoblauch schälen, fein würfeln und in dem restlichen Butterschmalz andünsten.
2 Den Spinat zufügen und zusammenfallen lassen. Mit Salz und Muskat würzen. Spinat und Schalotten auf den Steaks verteilen. Jeweils 40 Gramm zerbröckelten Edelpilzkäse daraufgeben und die Folie verschließen.
3 Diese Päckchen auf ein Blech setzen und im vorgeheizten Ofen bei 220 °C (Gas: Stufe 4) etwa 5 Minuten backen.

Variante Belegen Sie die geräucherten Filetsteaks mit etwas gekochtem Sauerkraut, jeweils 1 Scheibe Ananas und 1 Scheibe mittelaltem Gouda, mildem Emmentaler oder Appenzeller.

Zutaten
Für 4 Personen
250 g Blattspinat
4 EL Butterschmalz
4 geräucherte Filetsteaks
2 Schalotten
1 Knoblauchzehe
Salz, Muskatnuss
160 g Edelpilzkäse
Alufolie

Flambiertes Rinderfilet

Zutaten
Für 4 Personen
3 EL Butter
1 Zwiebel
2 Knoblauchzehen
250 g Champignons
2 EL fein gehackte Petersilie
Salz, Pfeffer
1 Tl Zitronensaft
4 geräucherte Rinderfilets zu je 200 g
4 EL Cognac

Zubereitungszeit 30 Minuten Kochzeit 7 Minuten

1 In der geschmolzenen Butter die geschälte und in Würfel geschnittene Zwiebel andünsten. Knoblauchzehen abziehen, in feine Scheiben schneiden und zu der Zwiebel geben.
2 Die Champignons putzen, in Scheiben schneiden und mit der Petersilie dazugeben. Alles etwa 5 Minuten dünsten. Mit Salz, Pfeffer und Zitronensaft abschmecken.
3 Die frisch geräucherten Rinderfilets in eine heiße Pfanne legen, mit Cognac übergießen und flambieren.
4 Die Rinderfilets auf angewärmte Teller legen, die Champignons darauf verteilen und etwas Bratensaft darüberträufeln.

Tipp Reichen Sie dazu einen lauwarmen Salat aus Erbsen und grünem Spargel. Für das Dressing erhitzen Sie Brühe mit Butter, Öl, Zitronensaft und Senf. Mit Salz, Pfeffer und Honig abschmecken.

Lammkotelett mit Zucchini

Zutaten
Für 4 Personen
4 doppelte Lammkoteletts
4 Knoblauchzehen
1 EL Currypulver
6 EL Olivenöl
Salz, Pfeffer
500 g Zucchini
2 EL Butter
1 Bund Frühlingszwiebeln
⅛ l Weißwein
100 g Schlagsahne
1 TL frische Thymianblättchen

Zubereitungszeit 1 Stunde Kochzeit 15 Minuten

1 Das Fleisch 20 bis 30 Minuten räuchern. Die Knoblauchzehen schälen und fein hacken.
2 Das Currypulver mit dem Olivenöl, etwas Salz und Pfeffer und gut der Hälfte des Knoblauchs mischen. Die geräucherten Koteletts auf jeweils einer Seite mit dem gewürzten Öl bestreichen und in Alufolie wickeln.
3 Die Zucchini in nicht zu dünne Scheiben schneiden. Die Butter in einem Topf zerlassen und die Zucchini darin mit dem restlichen Knoblauch anschwitzen.
4 Frühlingszwiebeln in dünne Scheiben schneiden. Mit dem Wein zu den Zucchini geben und das Gemüse bissfest garen. Die Kochflüssigkeit abgießen, mit der Sahne mischen und cremig einkochen. Mit den Zucchini und den Thymianblättchen mischen.
5 Die Koteletts in einer Pfanne leicht anbraten und zusammen mit den Zucchini anrichten.

Geräucherter Tafelspitz

Zubereitungszeit *20 Minuten* *Kochzeit* *1 Stunde*

1 Die Fleischbrühe erhitzen und das Fleisch mit der Zwiebel hinzufügen. Den sich bildenden Schaum abschöpfen. Das Fleisch bei geringer Hitze, bis auf einen Spaltbreit zugedeckt, 1 Stunde kochen lassen.
2 Die Möhren und den Sellerie schälen und in feine, dünne Streifen schneiden. Die Petersilienwurzeln waschen, schälen und halbieren. Vom Lauch die dunkelgrünen Blätter entfernen, die Stangen waschen, längs halbieren und in ungefähr 5 Zentimeter lange Stücke schneiden.
3 Die Butter erhitzen, das Gemüse darin andünsten und die Gemüsebrühe zugießen. Alles etwa 15 Minuten köcheln lassen.
4 Sobald das Fleisch weich ist, wird es herausgenommen und in 1 Zentimeter dicke Scheiben geschnitten und auf einer vorgewärmten Platte angerichtet. Das Gemüse um die Fleischscheiben geben und einige Esslöffel heiße Brühe daraufgießen.

Tipp Reichen Sie dazu in der Fleischbrühe gekochte kleine Kartoffeln und eine Gemüseplatte mit Blumenkohl, Rosenkohl und Möhren oder geschmortem Wirsing mit Räucherspeck.

Zutaten

Für 6 Personen

- 2,5 l Fleischbrühe
- 1 kg geräuchertes Rindfleisch aus dem Bug
- 1 Zwiebel mit 2 Nelken gespickt
- 3 große Möhren
- ½ Sellerieknolle
- 3 Petersilienwurzeln
- 3 Stangen Lauch
- 4 EL Butter
- ¼ l Gemüsebrühe

Geräuchertes Hirschfilet mit Rosenkohl

Zutaten
Für 4 Personen

- 500 g Rosenkohl
- Salz
- 100 g Räucherspeck
- Muskatnuss
- 1 Möhre
- 1 Stange Sellerie
- 2 Schalotten
- 1 EL Butterschmalz
- 4 cl Calvados
- 4 Wacholderbeeren
- 2 Lorbeerblätter
- 400 ml Wildfond (Glas)
- 2 EL Crème fraîche
- Pfeffer
- 1 Prise Zimt
- 100 g Schlagsahne
- 1 EL Meerrettich
- 2 EL Preiselbeerkonfitüre
- 4 geräucherte Hirschfilets

Zubereitungszeit 45 Minuten Kochzeit 40 Minuten

1 Den Rosenkohl putzen. Das untere Ende kreuzweise einschneiden, damit die Röschen gleichmäßig garen. Das Gemüse in wenig Salzwasser 12 bis 15 Minuten garen und abgießen. Den Speck ohne Schwarte fein würfeln und in einer Pfanne knusprig ausbraten. Mit dem Rosenkohl mischen und mit frisch geriebener Muskatnuss abschmecken.

2 Für die Sauce die Möhre schälen, die Selleriestange abfädeln. Beides waschen und in feine Würfel schneiden. Die Schalotten abziehen und sehr fein schneiden. Das Butterschmalz in einem Topf erhitzen und alle Gemüsewürfel darin leicht anschwitzen. Mit dem Calvados ablöschen, Wacholder und Lorbeer hinzufügen.

3 Den Wildfond dazugießen und offen etwa 15 Minuten köcheln lassen. Alles durch ein feines Sieb in einen Topf gießen und mit der Crème fraîche mischen. Die Sauce noch etwas einkochen und mit Salz, Pfeffer und 1 Prise Zimt pikant abschmecken.

4 Die Sahne fast steif schlagen. Meerrettich mit den Preiselbeeren mischen und die Sahne unterziehen. Die Hirschfilets in einer Pfanne braten und auf Tellern mit dem Rosenkohl anrichten. Die Hirschfilets mit etwas Sauce begießen. Die Preiselbeer-Meerrettich-Sahne getrennt dazu reichen.

Hähnchenbrust mit Ofenkartoffeln

Zutaten
Für 4 Personen

- 4 Hähnchenbrüste
- 800 g Kartoffeln
- 1 Knoblauchknolle
- 1 Bio-Orange
- 1 Lorbeerblatt
- 1 Zweig Rosmarin
- 1 Zimtstange
- 8 EL Öl
- Pfeffer, grobes Meersalz

Zubereitungszeit 1 Stunde Backzeit 40 Minuten

1 Das Fleisch waschen, trocknen und 20 bis 30 Minuten räuchern. Die Kartoffeln waschen, schälen und längs vierteln.

2 Die Knoblauchknolle quer halbieren. Die Orange in Scheiben schneiden. Kartoffeln, Knoblauch, Lorbeer, Orangenscheiben, abgezupfte Rosmarinnadeln und die halbierte Zimtstange mit dem Öl auf einem Backblech im vorgeheizten Backofen bei 200 °C (Gas: Stufe 3) 30 bis 40 Minuten backen. Mit Pfeffer und Salz bestreuen.

Geräucherte Ente auf Spitzkohl

Zubereitungszeit 50 Minuten *Koch- und Bratzeit* 1 Stunde

Zutaten

Für 4 Personen

- Je 200 ml Kalbsfond und Geflügelfond (Glas)
- 100 g Schlagsahne
- 1 Eigelb
- Salz, Pfeffer
- 2 EL grüne Pfefferkörner (Glas)
- ca. 750 g Spitzkohl
- 1 Knoblauchzehe
- 4 EL Butter
- Muskatnuss
- 3 große Kartoffeln
- 5 EL Butterschmalz
- 4 geräucherte Entenkeulen

1 Die beiden Fonds in einem Topf mischen und um rund die Hälfte einkochen. Die Sahne dazugießen und noch einmal etwas einkochen. Das Eigelb mit dem heißen Fond mischen. Sobald die Sauce leicht gebunden ist, mit Salz und Pfeffer würzen und die abgetropften Pfefferkörner einrühren.

2 Den Spitzkohl putzen und in breite Streifen schneiden. Knoblauch abziehen und fein hacken. Die Hälfte der Butter in einem Topf erhitzen. Kohl mit etwas Wasser und Knoblauch hinzufügen und bei mittlerer Hitze bissfest garen. Mit der restlichen Butter verfeinern, mit Salz, Pfeffer und Muskatnuss abschmecken.

3 Die Kartoffeln schälen und in feine Scheiben schneiden, trocken tupfen. In einer weiten Pfanne 4 Esslöffel Butterschmalz erhitzen. Die Kartoffeln darin goldgelb braten. Mit Salz und Pfeffer würzen. Die Entenkeulen salzen und pfeffern und in dem restlichen Butterschmalz kurz braten.

Sauerkraut-Cannelloni mit Schinken

Zutaten
Für 4 Personen
- 1 große Zwiebel
- 2 Knoblauchzehen
- 250 g geräucherter Schinken
- 1 EL Öl
- 400 g Sauerkraut
- Salz, Pfeffer, Zucker
- 100 g saure Sahne
- 2 TL Paprikapulver
- 250 g Cannelloni
- Butter für die Form
- 1 Ei
- 250 g Schlagsahne
- 100 g Bergkäse
- 50 g Butter

Zubereitungszeit 45 Minuten *Backzeit* 30 Minuten

1 Zwiebel und Knoblauch abziehen und sehr fein hacken. Schinken in kleine Würfel schneiden und im Öl bei schwacher Hitze ausbraten. Zwiebel und Knoblauch zugeben und kurz andünsten.
2 Sauerkraut zur Schinkenmischung geben. Mit 100 Milliliter Wasser aufgießen, mit Salz, Pfeffer und Zucker würzen und zugedeckt bei schwacher Hitze etwa 15 Minuten kochen, dann 30 Minuten abkühlen lassen.
3 Backofen auf 180 °C (Gas: Stufe 2) vorheizen. Saure Sahne mit Sauerkraut verrühren und mit Paprika, Salz und Pfeffer abschmecken. In die Cannellonirollen füllen und nebeneinander in eine feuerfeste eingefettete Form setzen.
4 Ei mit Sahne und geriebenem Käse verrühren und über die Rollen gießen. Butter in Würfel schneiden und aufstreuen. Cannelloni im vorgeheizten Backofen etwa 30 Minuten backen.

Rosenkohl-Quiche mit Schweinenacken

Zubereitungszeit 40 Minuten *Kühlzeit* 30 Minuten
Kochzeit 12 Minuten *Backzeit* 35 Minuten

1 Die Teigzutaten miteinander verkneten. Eventuell noch 1 bis 2 Esslöffel kaltes Wasser zufügen. Teig 30 Minuten kalt stellen.

2 Für den Belag Rosenkohl putzen und waschen. In kochendem Salzwasser in 12 Minuten garen. In ein Sieb abgießen, kalt abbrausen. Fleisch in 1 Zentimeter große Würfel schneiden. Teig auf bemehlter Fläche dünn ausrollen.

3 Eine Springform einfetten und den Teig einlegen, dabei einen Teigrand hochziehen. Rosenkohl und Fleischwürfel auf dem Teig verteilen. Eier und Sahne verrühren. Mit Käse, Salz, Pfeffer und frisch geriebener Muskatnuss mischen. Über den Kohl gießen.

4 Im vorgeheizten Backofen bei 200 °C (Gas: Stufe 3) etwa 35 Minuten backen. Einige Minuten vor Garende die Haselnussblättchen darüberstreuen. Die Quiche auf eine Platte gleiten lassen und ofenfrisch servieren.

Zutaten

Für 4 Personen

- 250 g Mehl und Mehl zum Arbeiten
- 1 Eigelb
- 120 g kalte Butter in Flöckchen
- 1 Prise Salz
- 750 g Rosenkohl
- Salz
- 350 g geräucherter Schweinenacken
- 2 Eier
- 200 g Schlagsahne
- 100 g Reibekäse
- Pfeffer, Muskatnuss
- 1-2 EL Haselnussblättchen

Pizza-Variation mit Garnelen

Zutaten
Für 4 Personen

- Pizzateig für 1 Backblech (Fertigprodukt)
- Butter fürs Backblech
- 1 Zwiebel
- 1 Knoblauchzehe
- Olivenöl
- Salz, Pfeffer
- 2 Zweige Thymian
- 1 Dose Pizzatomaten
- 250 g Zucchini
- 4 eingelegte Artischockenherzen
- 150 g Feta
- 1 Ei
- 100 g Schlagsahne
- 200 g geräucherte Garnelen
- 5 Tomaten
- 12 schwarze Oliven
- 200 g Mozzarella
- 75 g geriebener Parmesan
- Grobes Räuchersalz

Zubereitungszeit *45 Minuten* *Backzeit* *30 Minuten*

1 Den Pizzateig nach Packungsaufschrift zubereiten. Ein Backblech einfetten, den Teig darauf ausrollen. Zwiebel und Knoblauch abziehen und fein würfeln. In etwas heißem Öl weich schmoren. Mit Salz, Pfeffer und abgezupften Thymianblättchen würzen. Pizzatomaten hinzufügen und cremig einkochen.

2 Die Zucchini putzen, waschen und die Enden abschneiden. Das Gemüse in dünne Scheiben schneiden. In etwas Öl beidseitig kurz anbraten. Mit Salz und Pfeffer würzen.

3 Die Artischockenherzen abtropfen lassen und klein schneiden. Feta mit Ei und Sahne glatt rühren. Mit Pfeffer würzen. Die Garnelen aus dem Panzer brechen, entdarmen und klein schneiden. Die Tomaten waschen und ohne Stielansatz in dünne Scheiben schneiden. Mit Salz und Pfeffer bestreuen. Oliven entsteinen und klein schneiden. Mozzarella raspeln und mit Parmesan mischen.

4 Eine Teighälfte wie folgt belegen: Mit etwa ⅓ der Fetacreme bestreichen, Garnelen, Artischocken und Zucchini darübergeben und mit der restlichen Creme abdecken. Die andere Teighälfte mit der Tomatenzubereitung bestreichen. Mozzarellamischung darübergeben und mit Tomatenscheiben und Oliven belegen. Mit etwas grobem Räuchersalz bestreuen. Die Pizzavariation im vorgeheizten Backofen bei 220 °C (Gas: Stufe 4) auf der untersten Schiene etwa 30 Minuten backen und ofenfrisch servieren.

Graupen-Risotto mit Hirschfilet

Zubereitungszeit *35 Minuten* *Kochzeit* *1 Stunde*

1 Lauch putzen, der Länge nach aufschlitzen und gründlich waschen. In feine Streifen schneiden. Möhren und Sellerie waschen, schälen und klein würfeln.

2 Petersilie abbrausen und trocken schütteln, ein paar Stängel beiseitelegen, den Rest fein hacken. Zwiebel abziehen und klein würfeln. Den Speck ebenfalls sehr klein würfeln.

3 Butter in einem Topf zerlassen. Zwiebel, Speck und gehackte Petersilie darin andünsten. Gemüse zugeben, kurz mitdünsten, dann Graupen unterrühren. Mit Brühe aufgießen und alles zugedeckt bei schwacher Hitze 1 Stunde garen, bis die Graupen weich sind und das Risotto gut gebunden ist.

4 Sahne unter das Risotto rühren, mit Salz, Pfeffer und Kümmel abschmecken. Risotto auf vier Tellern verteilen und mit restlicher Petersilie garnieren.

5 Hirschfilet in 12 Scheiben schneiden und je drei auf dem Risotto verteilen.

Zutaten

Für 4 Personen

- 1 Stange Lauch
- 300 g Möhren
- 150 g Sellerie
- ½ Bund Petersilie
- 1 Zwiebel
- 50 g durchwachsener Räucherspeck
- 1½ EL Butter
- 100 g Graupen
- ½ l Fleisch- oder Gemüsebrühe
- 100 g Schlagsahne
- Salz, Pfeffer, Kümmel
- 450 g geräuchertes Hirschfilet

Nudelpfanne mit geräucherten Eiern

Zutaten
Für 4 Personen
- 300 g Spiralnudeln
- Salz
- 300 g Champignons
- 1 Bund Schnittlauch
- 150 g Bergkäse
- 4 geräucherte Eier
- 2 Zwiebeln
- 2 EL Butter
- 100 ml Gemüsebrühe
- 150 g Crème fraîche
- Pfeffer
- Butter für die Form

Zubereitungszeit 30 Minuten Backzeit 30 Minuten

1 Nudeln in Salzwasser nach Packungsangabe bissfest garen und abgießen.
2 Inzwischen Champignons putzen, in Scheiben schneiden. Den Schnittlauch abbrausen, trocken schütteln und in Röllchen schneiden. Käse fein reiben. Eier pellen, 2 hacken, die übrigen in Scheiben schneiden.
3 Backofen auf 200 °C (Gas: Stufe 3) vorheizen. Zwiebeln abziehen, würfeln, in einem Topf in heißer Butter mit den Champignons andünsten. Brühe angießen, aufkochen, Crème fraîche einrühren. Mit Salz und Pfeffer würzen.
4 Nudeln, die Hälfte des Käses, Schnittlauchröllchen, Champignonsauce und gehackte Eier mischen, in eine große, gefettete ofenfeste Pfanne oder in eine Auflaufform geben. Mit den Eierscheiben belegen und mit dem übrigen Käse bestreuen.
5 Die Nudelpfanne im vorgeheizten Backofen in etwa 30 Minuten goldgelb überbacken.

Paprika mit geräucherter Putenbrust ▷

Zutaten
Für 4 Personen
- 4 Paprikaschoten
- 12 Cocktailtomaten
- 6 Lauchzwiebeln
- 75 g grüne Oliven
- 250 g Mozzarella
- ½ Ciabattabrot
- 300 g geräucherte Putenbrust
- 1 EL Kapern
- Salz, Pfeffer, Chili
- 3 EL Öl
- Butter für die Form
- ¼ l Fleischbrühe

Zubereitungszeit 35 Minuten Backzeit 30 Minuten

1 Paprika am Stiel entlang halbieren und entkernen. Tomaten waschen und halbieren. Die Lauchzwiebeln quer in Ringe schneiden. Die Oliven halbieren.
2 Mozzarella grob würfeln. Backofen auf 200 °C (Gas: Stufe 3) vorheizen. Ciabatta und Putenbrust in kleine Würfel schneiden. Zwiebeln mit Fleisch, Kapern, Oliven und Mozzarella mischen. Mit Salz, Pfeffer und Chili würzen.
3 Brotwürfel in einer Pfanne in Öl leicht rösten und unter die Mischung heben. Mischung in die Paprikahälften füllen, in eine große gefettete Auflaufform setzen und die Brühe angießen. Im Backofen 20 bis 30 Minuten backen.

Variante Statt der Brotwürfel können Sie auch kleine gekochte Nudeln oder gekochten Reis mit der Tomatenmischung vermengen.

Senfkraut mit Schweinebauch

Zutaten
Für 4 Personen

- 1–2 EL Schweineschmalz
- 750 g durchwachsener geräucherter Schweinebauch
- Salz, Pfeffer
- Paprikapulver
- 2 Schalotten
- 6 Lauchzwiebeln
- 1 Möhre
- 500 g Sauerkraut
- 2 EL Butter
- 2 Lorbeerblätter
- 5–6 Pimentkörner
- 200 ml Gemüsebrühe
- 300 g Schlagsahne
- Muskatnuss
- 1–2 EL grober Senf

Zubereitungszeit 30 Minuten *Bratzeit* 20 Minuten
Kochzeit 20 Minuten

1 Den Backofen auf 180 °C (Gas: Stufe 2) vorheizen. Schmalz in einer ofenfesten Pfanne oder im Bräter erhitzen, Schweinebauch rundum anbraten, dabei mit Salz, Pfeffer, Paprikapulver würzen. Den Bräter in den vorgeheizten Ofen schieben und das Fleisch darin 20 bis 25 Minuten braten.

2 Inzwischen Schalotten abziehen, fein würfeln. Lauchzwiebeln putzen, waschen, in Ringe schneiden. Die Möhre putzen, schälen und würfeln. Das Sauerkraut mit zwei Gabeln lockern.

3 Schalotten in einem Topf in heißer Butter andünsten. Sauerkraut, Möhre, Lorbeerblätter und Piment zufügen, 2 Minuten mitdünsten. Brühe angießen, zugedeckt 15 Minuten köcheln lassen.

4 Deckel abnehmen, Flüssigkeit verkochen lassen. Lauchzwiebeln unterrühren. Sahne zufügen und cremig einköcheln lassen. Lorbeer und Piment entfernen.

5 Kraut mit Salz, Pfeffer, Muskat, Senf abschmecken. Schweinebauch mit Senfkraut anrichten. Mit gemahlenem Pfeffer bestreuen.

Verzeichnis der Hersteller- und Vertriebsfirmen

Deutschland

Beelonia GmbH
Warendorfer Straße 1
48361 Beelen
Tel.: 02586/275
Räuchergeräte, Kundendienst. Zubehör. www.beelonia.de

Fa. EXORI-Import-Export GmbH & Co. KG
Mittelwendung 22
28844 Weyhe-Dreye
Tel.: 04203/815330
Große Auswahl an Räucheröfen. Umfangreiches Zubehör. www.exori.de

Bernhard Feldmann
Willscheidweg 4
57413 Finnentrop-Fretter
Tel.: 02724/277
Räucheröfen, Grillräucheröfen. Mehl und Gewürze. Zubehör. www.raeucheroefen.de

Hans Grassl Apparatebau
Waldhauser Straße 8
83471 Schönau am Königssee
Tel.: 08652/3192
Räuchergeräte, Zubehör. Gewürze, Räuchermehl. www.hans-grassl.de

JENZI
Wilhelm-Bahmüller-Straße 53
73655 Plüderhausen
Tel.: 07181/9887-0
Räucheröfen, Betriebsarten: Holz, Spiritus, Elektro. Umfangreiches Zubehör. www.jenzi.com

Josef und Erich Peetz oHG, Metallverarbeitung
Bergmeckeweg
59861 Meschede-Freienohl
Tel.: 02903/6362
Räucheröfen. www.peetz-ohg.de

Schich Anlagenbau GmbH
Im Felde 17
27574 Bremerhaven
Tel.: 0471/34014
Räucheröfen bis zu Industrieräucheröfen. Zubehör. www.schich.de

Hans-Jürgen Schulz
Bachstraße 14
17033 Neubrandenburg
Tel.: 0395/8525571
Express-Räucheröfen, Räucherschränke. Umfangreiches Zubehör. www.raeuchern.de

Österreich und Schweiz

EXORI
Heimtierbedarf
Leitner GmbH & Co. KG
Salzweg 181
A-4894 Oberhofen. www.exori.at

BALZER Handels-G.m.b.H.
Dr.-Adolf-Schärf-Straße 5-9
A-3107 St. Pölten
Tel.: 0043/(0)2742/2024814
Zubehör, Laugen, Mehl. www.balzer.at

EXORI
Fischereiartikel
Urs Bernhard
Seilerstraße
CH-3114 Wichtrach. www.exori.ch

VECO AG
Waldeggstraße 97
CH-8810 Horgen
Elektrische Räucheröfen für bis zu 16 Fische. Zubehör.

Die Autorin
Gabriele Redden hat nach dem Studium zunächst einige Jahre in den USA verbracht. Wieder in Deutschland, folgten Stationen als Verlagslektorin und später als Ressortleiterin für Kochen & Ernährung bei einer Zeitschrift. Sie war als Redakteurin für die TV-Sendung »Essen wie Gott in Deutschland« tätig und schrieb mehrere Kochbücher. Heute arbeitet sie als freie Journalistin mit Schwerpunkt Ernährung, Wein und Reisen. Gabriele Redden lebt derzeit in den USA und auf Mallorca.

Der Fotograf
Yves Hebinger erlernte nach einer Ausbildung zum Koch und Stationen als Küchenmeister und Foodstylist 2000 selbst das Fotografieren. Seine Firma FoodExpose setzt kulinarische Ideen vom Rezept bis hin zum fertigen Bild selbst um.

Impressum

ISBN: 978-3-8094-8039-6

Umschlaggestaltung: Atelier Versen, Bad Aibling
Layout: X-Design, München
Projektleitung: Anja Halveland
Bildredaktion: Elisabeth Franz
Bildnachweis: Alle Fotos stammen von FoodExpose (Yves Hebinger), Bad Wörishofen, mit Ausnahme von: AGK-Kronawitter, Wallersdorf: 44 li.; akg Images: 6; Beelonia GmbH, Beelen: 36, 37, 39, 41; Bilderberg: 56, 75 (Avenue Images/Klaus Bossemeyer); Corbis: 18 (Günter Rossenbach), 42 (Richard A. Cooke), 59 (Ludovic Maisant); Uli Franz: 16, 26, 28; Heintges, Lehr- und Lernsystem GmbH, Marktredwitz, mit freundlicher Genehmigung entnommen aus der Broschüre »Räuchern von Angelfischen« (F. B. Rubenbauer): 29, 46 (2), 47 (5), 48 (6), 49 (5), 50, 52 (2), 53 (5), 54 (4), 55, 69 (4), 70 (6), 71 (7); Istockphoto: U4 (Dušan Zidar); JENZI, Plüderhausen: 38; Look: U1 u. (Helmuth Rier); Stock Food: U1 o. li. (Maximilian Stock), U1 o. re. (Fridhelm Volk), 10 (Gerhard Bumann), 12 (Mick Rock/Cephas), 21, 60, 79, 86, 90, 92, 97, 103 (Food Photography Eising), 22 (Zabert Sandmann/Haselhoft), 24 (Fridhelm Volk), 65 (Maximilian Stock Ltd.), 67 (Picture Box/Ouddeken), 78 (Harry Bischof), 80 (Martina Meuth), 84 (Z. Sandmann/Madsen); Südwest Verlag: 2, 30 li. (P. Rees), 30 re. (Bonisolli), 62, 72 (Rainer Hofmann), 147 (Rolf Seiffe); Susanna Schapowalow/Florence: 44 re., 58 (3); Christian Teubner, Füssen: 64; Visum: U1 o. mi. (Andy Ridder).
Illustrationen: Albert Lohr, München: 32, 33, 34, 40.

Die Ratschläge in diesem Buch sind von der Autorin und vom Verlag sorgfältig erwogen und geprüft, dennoch kann eine Garantie nicht übernommen werden. Eine Haftung der Autorin bzw. des Verlags und seiner Beauftragten für Personen-, Sach- und Vermögensschäden ist ausgeschlossen.

Satz: Nadine Thiel | kreativsatz, Baldham
Druck: Mohn media Mohndruck GmbH, Gütersloh

FSC
www.fsc.org
MIX
Papier aus verantwortungsvollen Quellen
FSC® C011124

Verlagsgruppe Random House FSC® N001967
Das für diesen Titel verwendete FSC-zertifizierte Papier *Profimatt* wurde produziert von Sappi Ehingen.

Printed in Germany

817 2635 4453

Sachregister von A bis Z

Grundrezepte von A bis Z

Verwendete Abkürzungen

°C = Grad Celsius
EL = Esslöffel
g = Gramm
l = Liter
ml = Milliliter
Msp. = Messerspitze
TK = Tiefkühl-
TL = Teelöffel

Rezepte von A bis Z